ADELANTE

*PLEASE CHECK FOR
CD
IN BACK POCKET*

CUENTOS PARA PENSAR

CUENTOS PARA PENSAR

JORGE BUCAY

DEL NUEVO EXTREMO integral

Cuentos para pensar

Autor: Jorge Bucay
Ilustraciones: Alejandra Abigador
Diseño de cubierta: Opalworks
Fotografía de cubierta: Photonica
Compaginación: Marquès, S.L.

© del texto, 1999, Jorge Bucay
© de esta edición: 2002, RBA Libros, S.A.
Pérez Galdós, 36 - 08012 Barcelona
www.rbalibros.com / rba-libros@rba.es
2002, Magazines, S.A.
Juncal 4651 (1425) Buenos Aires - Argentina

12ª edición: febrero 2004

Ref.: LR-39
ISBN: 84-7901-868-2
Depósito legal: B. 9952 - 2004
Impreso por Bigsa

A mi esposa Perla con amor y gratitud

Índice

Introducción

(las tres verdades)

Todos los que hemos vivido buscando la verdad, nos hemos encontrado en el camino con muchas ideas que nos sedujeron y habitaron en nosotros con la fuerza suficiente como para condicionar nuestro sistema de creencias.

Sin embargo, pasado un tiempo, muchas de las verdades terminaban siendo descartadas porque no soportaban nuestros cuestionamientos internos, o porque una «nueva verdad», incompatible con aquéllas, competía en nosotros por los mismos espacios. O simplemente porque estas verdades dejaban de serlo.

En cualquier caso, aquellos conceptos que habíamos tenido como referentes dejaban de ser tales y nos encontrábamos, de pronto, a la deriva. Dueños del timón de nuestro barco y conscientes de nuestras posibilidades, pero incapaces de trazar un rumbo confiable.

Mientras escribo esto, recuerdo de pronto *El principito* de Antoine de Saint-Exupéry:

> «En sus viajes por los pequeños planetas de su galaxia se encontró con un geógrafo que anotaba, en un gran libro de registro, montañas, ríos y estrellas.

El principito quiso registrar su flor (aquella que había dejado en su planeta), pero el geógrafo le dijo:

—No registramos flores, porque no se pueden tomar como referencia las cosas efímeras.

Y el geógrafo le explicó al principito que efímero quiere decir amenazado de pronta desaparición.

Cuando el principito escuchó esto, se entristeció mucho. Se había dado cuenta de que su rosa era efímera...».

Y entonces me pregunto, por un lado: ¿Existirán las verdades sólidas como rocas e imperturbables como accidentes geográficos? ¿O será la verdad sólo un concepto que lleva en sí mismo la esencia de lo transitorio y frágil de las flores? Y, por otro lado, desde una perspectiva macrocósmica:

¿Es que acaso las montañas, los ríos y las estrellas no están también amenazados de pronta desaparición?

¿Cuánto es «pronto» comparado con «siempre»?

¿No son, desde esta mirada, las montañas también efímeras...?

Creo que lo que me gustaría hoy es intentar escribir sobre algunas ideas-montaña, ideas-río, ideas-estrella con las que me he ido cruzando en mi camino.

Algunas verdades que seguramente son cuestionables para otros, lo serán también para mí, algún día. Pero hoy contienen, me parece, la solidez y la confiabilidad que da la indiscutible mirada del sentido común.

I. El primero de estos pensamientos confiables forma parte inseparable de la filosofía guestáltica y es la idea de saber que

lo que es, es.

(Escribo esto y pienso en la desilusión de quien me lee: «¡Lo que es, es...! ¿Esa es la verdad?».)

El concepto, no por obvio menos ignorado, contiene en sí mismo tres implicaciones que me parece significativo remarcar: saber que «lo que es, es» implica la aceptación de que los hechos, las cosas, las situaciones son como son.

La realidad no es como a mí me convendría que fuera.
No es como debería ser.
No es como me dijeron que iba a ser.
No es como fue.
No es como será mañana.
La realidad de mi afuera es como es.

Pacientes y alumnos que me escuchan repetir este concepto se empeñan en ver en él un deje de resignación, de postura lapidaria, de bajar la guardia.

Me parece útil recordar que el cambio sólo puede producirse cuando somos conscientes de la situación presente. ¿Cómo podríamos diagramar nuestra ruta a Nueva York sin saber en qué punto del universo nos encontramos?

Sólo puedo iniciar mi camino desde mi punto de partida, y esto es aceptar que las cosas son como son.

La segunda derivación directamente relacionada con esta idea es que

yo soy quien soy.

Otra vez:

> Yo no soy quien quisiera ser.
> No soy el que debería ser.
> No soy el que mi mamá quería que fuese.
> Ni siquiera soy el que fui.
> Yo soy quien soy.

De paso, para mí, toda nuestra patología psicológica proviene de la negación de esa frase.

Todas nuestras neurosis empiezan cuando tratamos de ser quienes no somos.

En *Déjame que te cuente...* escribí sobre el autorrechazo:

> ...Todo empezó aquel día gris
> en que dejaste de decir orgulloso
>
> YO SOY...
>
> Y entre avergonzado y temeroso
> bajaste la cabeza y cambiaste
> tus palabras y actitudes
> por un terrible pensamiento:

...Y si es difícil aceptar que yo soy quien soy, cuánto más difícil nos es, a veces, aceptar la tercera derivación del concepto «lo que es, es»:

Tú... eres quien eres.

Es decir:

> Tú no eres quien yo necesito que seas.
> Tú no eres el que fuiste.
> Tú no eres como a mí me conviene.
> Tú no eres como yo quiero.
> Tú eres como eres.

Aceptar eso es respetarte y no pedirte que cambies.

Hace poco empecé a definir el verdadero amor como la **desinteresada tarea de crear espacio para que el otro sea quien es.**

Esta primera «verdad» es el principio (en sus dos sentidos, de primero y de primordial) de toda relación adulta.

Se materializa cuando yo te acepto como tú eres y percibo que tú también me aceptas como yo soy.

II. La segunda verdad que creo imprescindible la tomo de la sabiduría sufí:

Nada que sea bueno es gratis.

Y de aquí se derivan, para mí, por lo menos dos ideas.

La primera: si deseo algo que es bueno para mí, debería saber que voy a pagar un precio por ello. Por supuesto, ese pago no siempre es en dinero (si fuera sólo en dinero, ¡sería tan fácil!). Este precio es a veces alto y otras muy pequeño, pero siempre existe. Porque **nada** que sea bueno es gratis.

La segunda: darme cuenta de que si algo recibo de fuera, si algo bueno me está pasando, si vivo situaciones de placer y de goce es porque me las he ganado. He pagado por ellas, **me las merezco**. (Sólo para alertar a los pesimistas y desalentar a los aprovechados, quiero aclarar que los pagos son siempre por anticipado: lo bueno que vivo ya lo he pagado. ¡No hay cuotas a plazos!)

Algunos de los que me escuchan decir esto preguntan:

¿Y lo malo?
¿No es cierto que lo malo tampoco es gratis?
Si me pasa algo malo, ¿es también por algo que hice? ¿Porque de alguna forma me lo merezco?

Quizá sea cierto. Sin embargo, estoy hablando de verdades para mí incuestionables, sin excepciones, universales. Y para mí la aseveración de que «me merezco todo lo que me pasa incluido lo malo» no es necesariamente cierta.

Puedo asegurar que conozco algunas personas a las que les han acontecido hechos desgraciados y dolorosos que, sin duda alguna, ¡no merecían!

Incorporar esta verdad (nada que sea bueno es gratis) es abandonar para siempre la idea infantil de que alguien debe darme algo porque sí, porque yo lo quiero. Que la vida tiene que procurarme lo que deseo «sólo porque lo deseo», de pura suerte, mágicamente.

III. Y la tercera idea que creo que es un punto de referencia podría enunciarla de la siguiente manera:

Es cierto que nadie puede hacer todo lo que quiere, pero cualquiera puede NO hacer NUNCA lo que NO QUIERE.

Me repito a mí mismo:

Nunca hacer lo que no quiero.

Incorporar este concepto como una referencia real, es decir, vivir coherentemente con esta idea, no es fácil. Y sobre todo no es gratis. (Nada que sea bueno lo es, y esto es bueno).

Estoy diciendo que si soy un adulto, nadie puede obligarme a hacer lo que no quiero hacer. Lo máximo que puede pasarme, en todo caso, es que el precio sea mi vida. (No es que yo minimice ese coste, pero sigo pensando que es diferente creer que no puedo hacerlo, a saber que hacerlo me costaría la vida).

Sin embargo, en lo cotidiano, en el pasar de todos los días, los precios son mucho más bajos. En general, lo único que es necesario es incorporar la capacidad de renunciar a que algunos de los demás me aprueben, me aplaudan, me quieran. (El coste, como a mí me gusta llamarlo, es que cuando uno se atreve a decir «no» empieza a descubrir algunos aspectos desconocidos de sus amigos: la nuca, la espalda y todas esas otras partes que se ven sólo cuando el otro se va).

Estas tres verdades son para mí ideas-montaña, ideas-río, ideas-estrella.

Verdades que continúan siendo ciertas a través del tiempo y de las circunstancias.

Conceptos que no son relativos a determinados momentos, sino a todos y cada uno de los instantes que, sumados, solemos llamar «nuestra vida».

VERDADES-MONTAÑA para poder construir nuestra casa sobre una base sólida.

VERDADES-RÍO para poder calmar nuestra sed y para navegar sobre ellas en la búsqueda de nuevos horizontes.

VERDADES-ESTRELLA para poder servirnos de guía, aun en nuestras noches más oscuras...

El buscador

Hace dos años, cuando terminaba una charla para un grupo de parejas, conté, como suelo hacer, un cuento a manera de regalo de despedida. Para mi sorpresa, esta vez alguien del grupo pidió la palabra y se ofreció a regalarme una historia. Ese cuento que quiero tanto lo escribo ahora en memoria de mi amigo Jay Rabon.

Esta es la historia de un hombre al que yo definiría como un buscador....

Un buscador es alguien que busca; no necesariamente alguien que encuentra.

Tampoco es alguien que, necesariamente, sabe qué es lo que está buscando. Es simplemente alguien para quien su vida es una búsqueda.

Un día, el buscador sintió que debía ir hacia la ciudad de Kammir. Había aprendido a hacer caso riguroso de estas sensaciones que venían de un lugar desconocido de sí mismo. Así que lo dejó todo y partió.

Después de dos días de marcha por los polvorientos caminos, divisó, a lo lejos, Kammir. Un poco antes de llegar al pueblo, le llamó mucho la atención una colina a la derecha del sendero. Estaba tapizada de un verde maravilloso y había un montón de árboles, pájaros y flores encantadores. La rodeaba por completo una especie de pequeña valla de madera lustrada.

Una portezuela de bronce lo invitaba a entrar.

De pronto, sintió que olvidaba el pueblo y sucumbió ante la tentación de descansar por un momento en aquel lugar.

El buscador traspasó el portal y empezó a caminar lentamente entre las piedras blancas que estaban distribuidas como al azar, entre los árboles.

Dejó que sus ojos se posaran como mariposas en cada detalle de aquel paraíso multicolor.

Sus ojos eran los de un buscador, y quizá por eso descubrió aquella inscripción sobre una de las piedras:

Abdul Tareg, vivió 8 años, 6 meses, 2 semanas y 3 días

Se sobrecogió un poco al darse cuenta de que aquella piedra no era simplemente una piedra: era una lápida.

Sintió pena al pensar que un niño de tan corta edad estaba enterrado en aquel lugar.

Mirando a su alrededor, el hombre se dio cuenta de que la piedra de al lado también tenía una inscripción. Se acercó a leerla. Decía:

Yamir Kalib, vivió 5 años, 8 meses y 3 semanas

El buscador se sintió terriblemente conmocionado.

Aquel hermoso lugar era un cementerio, y cada piedra era una tumba.

Una por una, empezó a leer las lápidas.

Todas tenían inscripciones similares: un nombre y el tiempo de vida exacto del muerto.

Pero lo que lo conectó con el espanto fue comprobar que el que más tiempo había vivido sobrepasaba apenas los once años...

Embargado por un dolor terrible, se sentó y se puso a llorar.

El cuidador del cementerio pasaba por allí y se acercó.

Lo miró llorar durante un rato en silencio y luego le preguntó si lloraba por algún familiar.

—No, por ningún familiar —dijo el buscador—. ¿Qué pasa en este pueblo? ¿Qué cosa tan terrible hay en esta ciudad? ¿Por qué hay tantos niños muertos enterrados en este lugar? ¿Cuál es la horrible maldición que pesa sobre esta gente, que les ha obligado a construir un cementerio de niños?

El anciano sonrió y dijo:

—Puede usted serenarse. No hay tal maldición. Lo que pasa es que aquí tenemos una vieja costumbre. Le contaré...:

«Cuando un joven cumple quince años, sus padres le regalan una libreta como esta que tengo aquí, para que se la cuelgue al cuello. Es tradición entre nosotros que, a partir de ese momento, cada vez que uno disfruta intensamente de algo, abre la libreta y anota en ella:

A la izquierda, qué fue lo disfrutado.
A la derecha, cuánto tiempo duró el gozo.

Conoció a su novia y se enamoró de ella. ¿Cuánto tiempo duró esa pasión enorme y el placer de conocerla? ¿Una semana? ¿Dos? ¿Tres semanas y media...?

Y después, la emoción del primer beso, el placer maravilloso del primer beso... ¿Cuánto duró? ¿El minuto y medio del beso? ¿Dos días? ¿Una semana?

¿Y el embarazo y el nacimiento del primer hijo...?

¿Y la boda de los amigos?

¿Y el viaje más deseado?

¿Y el encuentro con el hermano que vuelve de un país lejano?

¿Cuánto tiempo duró el disfrutar de estas situaciones? ¿Horas? ¿Días?

Así, vamos anotando en la libreta cada momento que disfrutamos... Cada momento.

Cuando alguien se muere,
es nuestra costumbre
abrir su libreta
y sumar el tiempo de lo disfrutado
para escribirlo sobre su tumba.
Porque ese es para nosotros
el único y verdadero TIEMPO VIVIDO».

EL TEMIDO ENEMIGO

> La idea de este cuento llegó a mí escuchando
> un relato de Enrique Mariscal. Me permití, a
> partir de ahí, prolongar el cuento para trans-
> formarlo en otra historia con otro mensaje y
> otro sentido. Así como está ahora se lo regalé
> una tarde a mi amigo Norbi.

Había una vez, en un reino muy lejano y perdido, un rey
al que le gustaba mucho sentirse poderoso. Su deseo de
poder no se satisfacía sólo con tenerlo. Él necesitaba, además, que todos lo admiraran por ser poderoso. Así como
la madrastra de Blancanieves no tenía bastante con verse
bella, también él necesitaba mirarse en un espejo que le
dijera lo poderoso que era. Él no tenía espejos mágicos,
pero contaba con un montón de cortesanos y sirvientes a
su alrededor a quienes preguntar si él era el más poderoso del reino.

Invariablemente, todos le decían lo mismo:

—Alteza, eres muy poderoso, pero tú sabes que el
mago tiene un poder que nadie posee. Él conoce el futuro.

En aquella época, alquimistas, filósofos, pensadores,
religiosos y místicos eran llamados genéricamente
«magos».

El rey estaba muy celoso del mago del reino, pues éste
no sólo tenía fama de ser un hombre muy bueno y gene-

roso, sino que además el pueblo lo amaba, lo admiraba y festejaba que existiera y que viviera allí.

No decían lo mismo del rey.

Quizá porque necesitaba demostrar que era él quien mandaba, el rey no era justo ni ecuánime, y mucho menos bondadoso.

Un día, cansado de que la gente le contara lo poderoso y querido que era el mago, o motivado por esa mezcla de celos y temores que genera la envidia, el rey urdió un plan: organizaría una gran fiesta a la que invitaría al mago. Después de la cena, pediría la atención de todos. Llamaría al mago al centro del salón y, delante de los cortesanos, le preguntaría si era cierto que sabía leer el futuro. El invitado tendría dos posibilidades: decir que no, defraudando así la admiración de los demás, o decir que sí, confirmando el motivo de su fama. Entonces le pediría que dijera en qué fecha iba a morir el mago del reino. Éste daría una respuesta, un día cualquiera, no importaba cuál. El rey tenía planeado sacar su espada y matarlo en ese mismo momento. Así conseguiría dos cosas de un golpe: la primera, deshacerse de su enemigo para siempre; la segunda, demostrar que el mago no había podido adelantarse al futuro ya que se habría equivocado en su predicción. En una sola noche se acabarían el mago y el mito de sus poderes...

Los preparativos se iniciaron en seguida y muy pronto llegó el día del festejo.

Después de una gran cena, el rey hizo pasar al mago al centro y se dirigió a él:

—¿Es cierto que puedes leer el futuro?

—Un poco —dijo el mago.

—¿Y puedes leer tu propio futuro? —preguntó el rey.

—Un poco —dijo el mago.

—Entonces quiero que me des una prueba —continuó el rey—. ¿Qué día morirás? ¿Cuál es la fecha de tu muerte?

El mago se sonrió, lo miró a los ojos y no contestó.

—¿Qué pasa, mago? —dijo el rey, sonriente—. ¿No lo sabes? ¿No es cierto que puedes ver el futuro?

—No es eso —contestó el mago—. Pero lo que sé, no me atrevo a decírtelo.

—¿Cómo que no te atreves? —dijo el rey—... Yo soy tu soberano y te ordeno que me lo digas. Debes darte cuenta de que es muy importante para el reino saber cuándo perderemos a sus personajes más eminentes. Contéstame, pues. ¿Cuándo morirá el mago del reino?

Después de un tenso silencio, el mago lo miró y dijo:

—No puedo precisarte la fecha, pero sé que el mago morirá exactamente un día antes que el rey.

Durante unos instantes, el tiempo se congeló. Un murmullo corrió entre los invitados.

El rey siempre había dicho que no creía en los magos ni en adivinaciones, pero lo cierto es que no se atrevió a matar al mago.

Lentamente, el soberano bajó los brazos y se quedó en silencio.

Los pensamientos se agolpaban en su cabeza.

Se dio cuenta de que se había equivocado.

Su odio había sido el peor consejero.

—Alteza, te has puesto pálido. ¿Qué te sucede? —preguntó el invitado.

—Me encuentro mal —contestó el monarca—. Voy a ir a mi habitación. Te agradezco que hayas venido...

Y, con un gesto confuso, giró en silencio encaminándose a sus habitaciones.

Pensó que el mago era astuto. Había dado la única respuesta que podía evitar su muerte.

¿Habría adivinado su muerte?

La predicción no podía ser cierta. Pero, ¿y si lo fuera?

Estaba aturdido...

El rey volvió sobre sus pasos y dijo en voz alta:

—Mago, eres famoso en el reino por tu sabiduría. Te ruego que pases esta noche en palacio, pues debo consultarte por la mañana sobre algunas decisiones reales.

—¡Majestad! Será un gran honor... —dijo el invitado con una reverencia.

El rey dio órdenes a sus guardias personales para que acompañaran al mago hasta las habitaciones de huéspedes en el palacio y custodiasen su puerta asegurándose de que no le pasara nada.

Esa noche, el soberano no pudo conciliar el sueño. Estuvo muy inquieto pensando qué pasaría si al mago le hubiera sentado mal la comida, o si se hubiera hecho daño accidentalmente durante la noche, o si simplemente le hubiera llegado su hora.

Muy temprano por la mañana, el rey golpeó la puerta de las habitaciones de su invitado.

Nunca en su vida se le había ocurrido consultar a nadie antes de tomar sus decisiones, pero esta vez, en cuanto el mago le recibió, hizo la pregunta... Necesitaba una excusa.

Y el mago, que era un sabio, le dio una respuesta correcta, creativa y justa.

El rey, casi sin escuchar la respuesta, alabó a su huésped por su inteligencia y le pidió que se quedara un día más, supuestamente para «consultarle» otro asunto... (Obviamente, el rey sólo quería asegurarse de que no le pasara nada.)

El mago, que gozaba de la libertad que sólo conquistan los iluminados, aceptó.

Desde entonces, todos los días, por la mañana o por la tarde, el rey iba hasta las habitaciones del mago para consultarle y lo comprometía para una nueva consulta al día siguiente.

No pasó mucho tiempo hasta que el rey se dio cuenta de que los consejos de su nuevo asesor eran siempre acertados y terminó, casi sin notarlo, teniéndolos en cuenta en cada una de sus decisiones.

Pasaron los meses, y luego los años.

Y, como siempre, *estar cerca del que sabe hace más sabio al que no sabe.*

Así fue. Poco a poco, el rey se fue volviendo más y más justo.

Ya no era despótico ni autoritario. Dejó de necesitar sentirse poderoso, y seguramente por ello dejó de necesitar demostrar su poder.

Empezó a aprender que la humildad también podía tener sus ventajas.

Empezó a reinar de una manera más sabia y bondadosa.

Y sucedió que su pueblo empezó a amarlo como nunca antes lo había amado.

El rey ya no iba a ver al mago para preguntar por su salud, sino simplemente para aprender, para compartir una decisión o simplemente para charlar.

El rey y el mago llegaron a convertirse en excelentes amigos.

Hasta que un día, más de cuatro años después de aquella cena, sin que hubiera ningún motivo, el rey recordó.

Recordó que aquel hombre al que ahora consideraba su mejor amigo había sido su odiado enemigo.

Recordó el plan que había urdido para matarlo.

Y se dio cuenta de que no podía seguir manteniendo aquel secreto sin sentirse un hipócrita.

El rey hizo acopio de coraje y fue hasta la habitación del mago. Golpeó la puerta y, en cuanto entró, le dijo:

—Hermano mío, tengo algo que contarte que me oprime el pecho.

—Dime —dijo el mago— y alivia tu corazón.

—La noche que te invité a cenar y te pregunté sobre tu muerte, yo no quería saber nada sobre tu futuro, en realidad. Planeaba matarte fuese cual fuese tu respuesta. Quería que tu muerte inesperada desmitificara tu fama de adivino. Te odiaba porque todos te amaban... Estoy tan avergonzado...

El rey suspiró profundamente y siguió:

—Aquella noche no me atreví a matarte, y ahora que somos amigos, y más que amigos, hermanos, me aterra pensar todo lo que habría perdido si lo hubiera hecho. Hoy siento que no puedo seguir ocultándote mi infamia. Necesitaba decirte todo esto para que me perdones o me desprecies, pero sin engaños.

El mago lo miró y le dijo:

—Has tardado mucho tiempo en poder decírmelo. Pero, de todos modos, me alegra que lo hayas hecho, porque esto es lo único que me permitirá decirte que **ya lo sabía.** Cuando me hiciste aquella pregunta y acariciaste con la mano el puño de tu espada, fue tan clara tu intención que no hacía falta ser adivino para darse cuenta de lo que pensabas hacer.

El mago sonrió y puso su mano sobre el hombro del rey.

—Como justa devolución a tu sinceridad, debo decirte que yo también te mentí. Te confieso que inventé esa absurda historia de mi muerte antes que la tuya para darte una lección. Una lección que hasta hoy no has podido aprender. Quizá sea lo más importante que te he enseñado.

»**Vamos por el mundo odiando y rechazando aspectos de los otros y hasta de nosotros mismos que creemos despreciables, amenazantes o inútiles... Sin embargo, si nos damos tiempo, terminamos dándonos cuenta de lo mucho que nos costaría vivir sin aquellas cosas que en otro momento rechazamos.**

»Tu muerte, mi querido amigo, llegará justo el día de tu muerte, y ni un minuto antes. Es importante que sepas que yo estoy viejo, y que mi día seguramente se acerca. No hay ninguna razón para pensar que tu partida deba estar atada a la mía. Son nuestras vidas las que se han ligado, no nuestras muertes.

El rey y el mago se abrazaron y festejaron brindando por la confianza que cada uno sentía en aquella relación que habían sabido construir juntos.

> Cuenta la leyenda
> que, misteriosamente,
> aquella misma noche
> el mago...
> murió mientras dormía.

El rey se enteró de la mala noticia al día siguiente, y se sintió desolado. No estaba angustiado por la idea de su propia muerte. Había aprendido del mago a desapegarse incluso de su permanencia en este mundo.

Estaba triste por la muerte de su amigo. ¿Qué extraña coincidencia había hecho que el rey le pudiera contar aquello al mago justo la noche anterior a su muerte?

Tal vez, de alguna manera desconocida, el mago había hecho que él pudiera decirle aquello para poder liberarlo de su miedo a morir al día siguiente.

Fue un último acto de amor para librarlo de sus temores de otros tiempos...

Cuentan que el rey se levantó y que cavó con sus propias manos una tumba para su amigo el mago en el jardín, bajo su ventana.

Enterró allí su cuerpo y el resto del día se quedó al lado del montículo de tierra, llorando como sólo se puede llorar ante la pérdida de los seres más queridos.

Y, recién entrada la noche, el rey volvió a su habitación.

Cuenta la leyenda que esa misma noche, veinticuatro horas después de la muerte del mago, el rey murió en su lecho mientras dormía...

Quizá por casualidad...

Quizá por dolor...

Quizá para confirmar la última enseñanza de su maestro.

SIN QUERER SABER

Y si es cierto que has dejado de quererme
yo te pido,
por favor,
¡no me lo digas!

Necesito hoy
y todavía
navegar
inocente en tus mentiras...

Dormiré sonriendo
y muy tranquilo.
Me despertaré
muy temprano por la mañana.

Y volveré a hacerme a la mar,
te lo prometo...

Pero esta vez,
sin atisbo de protesta o resistencia,
naufragaré por voluntad y sin reservas
en la profunda inmensidad de tu abandono...

Juan Sinpiernas

(... o el arte de igualar hacia abajo)

Juan Sinpiernas era un hombre que trabajaba como leñador.

Un día, Juan compró una sierra eléctrica pensando que aligeraría mucho su trabajo.

La idea hubiera sido muy afortunada de haber tenido la precaución de aprender a manejar primero la sierra, pero no lo hizo.

Una mañana, mientras trabajaba en el bosque, el aullido de un lobo hizo que el leñador se descuidara... La sierra eléctrica se deslizó entre sus manos y Juan se accidentó hiriéndose de gravedad en las dos piernas.

Nada pudieron hacer los médicos para salvarlas, así que Juan Sinpiernas, como si fuera víctima de la profética determinación de su nombre, quedó definitivamente postrado en una silla de ruedas durante el resto de su vida.

Juan estuvo deprimido durante meses debido al accidente. Un año después, parecía que poco a poco empezaba a mejorar.

No obstante, algo conspiró contra su recuperación psíquica y, de repente, volvió a caer en una profunda e increíble depresión.

Los médicos lo enviaron al psiquiatra.

Juan Sinpiernas, después de resistirse un poco, fue a ver al especialista.

El psiquiatra era amable y tranquilizador. Juan sintió confianza en él inmediatamente, y le contó sucintamente los hechos que habían derivado en su estado de ánimo.

El psiquiatra le dijo que comprendía su depresión. La pérdida de las piernas, era realmente un motivo muy justificado para su angustia.

—Es que no es eso, doctor —dijo Juan—. Mi depresión no tiene que ver con la pérdida de las piernas. No es la discapacidad lo que más me molesta. Lo que más me duele es el cambio que ha tenido la relación con mis amigos.

El psiquiatra abrió los ojos y se quedó mirándolo, esperando que Juan Sinpiernas completara su explicación.

—Antes del accidente, mis amigos me venían a buscar todos los viernes para ir a bailar. Una o dos veces por semana, nos reuníamos para chapotear en el río y hacer carreras a nado. Hasta pocos días antes de mi operación, algunos de los amigos salíamos los domingos muy temprano para correr por el paseo marítimo. Sin embargo, parece que sólo por el hecho de haber sufrido el accidente, no sólo he perdido las piernas, sino que además mis amigos han perdido las ganas de compartir cosas conmigo. Ninguno de ellos me ha vuelto a invitar desde entonces.

El psiquiatra lo miró y se sonrió.

Le costaba creer que Juan Sinpiernas no entendiera lo absurdo que era su planteamiento...

No obstante, el psiquiatra decidió explicarle claramente lo que pasaba. Él sabía mejor que nadie que la mente tiene resortes tan especiales que pueden hacer que uno se vuelva incapaz de entender lo que es evidente y obvio.

El psiquiatra explicó a Juan Sinpiernas que sus amigos

no lo estaban evitando por desamor o rechazo. Aunque fuera doloroso, el accidente había modificado la realidad. Le gustara o no, él ya no era el compañero ideal para hacer las cosas que antes compartían.

—Pero, doctor —interrumpió Juan Sinpiernas—. Yo sé que puedo nadar, correr y hasta bailar. Por suerte, he aprendido a manejar mi silla de ruedas y nada de eso me está vedado.

El doctor lo tranquilizó y siguió su razonamiento. Por supuesto que no había nada en contra de que él siguiera haciendo las mismas cosas. Es más, era importantísimo que siguiera haciéndolas. Simplemente, era difícil seguir pretendiendo compartirlas con sus relaciones anteriores.

El psiquiatra explicó a Juan que en realidad él podía nadar, pero tenía que competir con quienes tenían su misma dificultad... Que podía ir a bailar, pero en clubes y con otros a quienes también les faltaran las piernas... Podía salir a entrenarse por el paseo marítimo, pero debía aprender a hacerlo con otros discapacitados.

Juan debía entender que sus amigos no iban a estar con él como estaban antes, porque ahora las condiciones entre él y ellos eran diferentes... Ya no eran iguales.

Para poder hacer las cosas que él deseaba hacer y otras más, era mejor acostumbrarse a hacerlo con sus iguales. Tenía, entonces, que dedicar su energía a fabricar **nuevas relaciones con personas iguales.**

Juan sintió que un velo se descorría dentro de su mente, y esa sensación lo serenó.

—Es difícil explicarle cuánto le agradezco su ayuda, doctor —dijo Juan—. Vine casi forzado por sus colegas, pero ahora comprendo que tenían razón. He entendido su mensaje y le aseguro que seguiré sus consejos, doctor. Muchas gracias, ha sido realmente útil venir a su consulta.

—**Nuevas relaciones con iguales** —se repetía Juan para no olvidarlo.

Y, entonces, Juan Sinpiernas salió del consultorio del psiquiatra y volvió a su casa...

Puso en condiciones su sierra eléctrica...

Planeaba cortarles las piernas a todos sus amigos y «fabricar», así, algunos iguales.

Darse cuenta

Este cuento está inspirado en un poema de un monje tibetano, Rimpoché, y lo reescribí según mi propia manera de hablar para mostrar otra característica más de nosotros, los humanos.

Me levanto por la mañana.
Salgo de mi casa.
Hay un socavón en la acera.
No lo veo
y me caigo en él.

Al día siguiente
salgo de mi casa,
me olvido de que hay un socavón en la acera,
y me vuelvo a caer en él.

Al tercer día
salgo de mi casa tratando de acordarme
de que hay un socavón en la acera.
Sin embargo,
no lo recuerdo
y caigo en él.

Al cuarto día
salgo de mi casa tratando de acordarme
del socavón en la acera.
Lo recuerdo y,
a pesar de eso,
no veo el pozo y caigo en él.

Al quinto día
salgo de mi casa.
Recuerdo que tengo que tener presente
el socavón en la acera
y camino mirando al suelo.
Y lo veo y,
a pesar de verlo,
caigo en él.

Al sexto día
salgo de mi casa.
Recuerdo el socavón en la acera.
Voy buscándolo con la mirada.
Lo veo,
intento saltarlo,
pero caigo en él.

Al séptimo día
salgo de mi casa.
Veo el socavón.
Tomo carrerilla,
salto,
rozo con la punta de mis pies el borde del otro lado,
pero no es suficiente y caigo en él.

Al octavo día,
salgo de mi casa,
veo el socavón,
tomo carrerilla,
salto,
¡llego al otro lado!
Me siento tan orgulloso de haberlo conseguido
que lo celebro dando saltos de alegría...
Y, al hacerlo,
caigo otra vez en el pozo.

Al noveno día,
salgo de mi casa,
veo el socavón,
tomo carrerilla,
lo salto
y sigo mi camino.

Al décimo día,
justo hoy,
me doy cuenta
de que es más cómodo
caminar...
por la acera de enfrente.

El cuento dentro del cuento

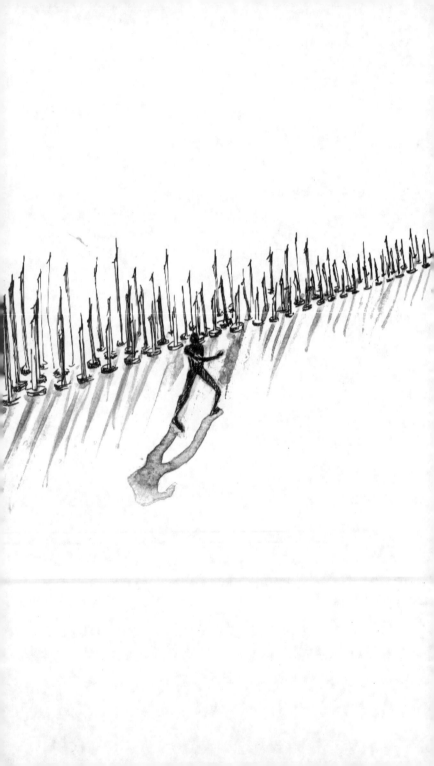

Hacía meses que vivía asustado por terribles pensamientos de aniquilación que lo atormentaban... sobre todo por la noche. Se acostaba temiendo no ver el amanecer del día siguiente y no conseguía dormirse hasta que el sol despuntaba, a veces apenas una hora antes de tener que levantarse para ir a su trabajo. Cuando supo que el *Iluminado* pasaría la noche en las afueras del pueblo, se dio cuenta de que tenía en sus manos una oportunidad única, ya que no era frecuente que los viajeros pasaran ni siquiera cerca de ese poblado perdido entre las montañas de Caldea.

La fama precedía al misterioso visitante, y aunque nadie lo había visto, se decía que el maestro tenía las respuestas a todas las preguntas. Por eso, esa madrugada, sin que ninguno de su casa lo notara, lo fue a ver a la tienda que, según le habían informado, había montado junto al río.

Cuando llegó, el sol acababa de separarse del horizonte.

Encontró al *Iluminado* meditando.

Esperó respetuosamente unos minutos hasta que el maestro notó su presencia...

En ese momento, y como si lo estuviera esperando,

giró hacia él y, con una plácida expresión, lo miró a los ojos en silencio.

—Maestro, ayúdame —dijo el hombre—. Pensamientos terribles asaltan mis noches y no tengo paz ni ánimo para descansar y disfrutar de las cosas que vivo. Dicen que tú lo resuelves todo. Ayúdame a escapar de esta angustia...

El maestro sonrió y le contestó:

—Te contaré un cuento.

Un hombre rico mandó a su criado al mercado en busca de alimentos. Pero al poco de llegar allí, se cruzó con la muerte, que lo miró fijamente a los ojos.

El criado palideció del susto y salió corriendo dejando tras de sí las compras y la mula. Jadeando, llegó a casa de su amo.

—¡Amo, amo! Por favor, necesito un caballo y algo de dinero para salir ahora mismo de la ciudad... Si salgo ya mismo quizás llegue a Tamur antes del anochecer... ¡Por favor, amo, por favor!

El señor le preguntó sobre el motivo de tan urgente petición y el criado le contó a trompicones su encuentro con la muerte.

El dueño de la casa pensó un instante y, acercándole una bolsa de monedas, le dijo:

—Está bien. Sea. Vete. Llévate el caballo negro, que es el más veloz que tengo.

—Gracias, amo —dijo el sirviente. Y, tras besarle las manos, corrió al establo, montó el caballo y partió velozmente hacia la ciudad de Tamur.

Cuando el sirviente se hubo perdido de vista, el acaudalado hombre caminó hacia el mercado buscando a la muerte.

—¿Por qué has asustado a mi sirviente? —le preguntó en cuanto la vio.

—¿Asustarlo yo? —preguntó la muerte.

—Sí —dijo el hombre rico—. Él me ha dicho que hoy se ha cruzado contigo y lo has mirado amenazadoramente.

—Yo no lo he mirado amenazadoramente —dijo la muerte—. Lo he mirado sorprendida. No esperaba verlo aquí esta tarde, ¡porque se supone que debo recogerlo en Tamur esta noche!

—¿Entiendes? —preguntó el *Iluminado*.

—Claro que entiendo, maestro. Intentar escapar de los malos pensamientos es salir a buscarlos. Huir de la muerte es ir a su encuentro.

—Así es.

—Tengo tanto que agradecerte, maestro... —dijo el hombre—. Siento que desde esta misma noche dormiré tan tranquilo recordando este cuento que me levantaré sereno cada mañana...

—Desde esta noche... —interrumpió el anciano— no habrá más mañanas.

—No entiendo —dijo el hombre.

—Entonces, no has entendido el cuento.

El hombre, sorprendido, miró al *Iluminado*

y vio que la expresión de su cara...
ya no era la misma...

CODICIA

Cavando para montar un cerco que separara mi terreno del de mis vecinos, encontré, enterrado en el jardín, un viejo cofre lleno de monedas de oro.

A mí no me interesó por la riqueza, sino por lo extraño del hallazgo.

Nunca he sido ambicioso, y no me importan demasiado los bienes materiales...

Después de desenterrar el cofre, saqué las monedas y las lustré. ¡Estaban tan sucias y herrumbrosas las pobres!

Mientras las apilaba sobre mi mesa ordenadamente, las fui contando...

Constituían una verdadera fortuna.

Sólo por pasar el tiempo, empecé a imaginarme todas las cosas que se podían comprar con ellas...

Pensaba en lo contento que se pondría un codicioso que topara con semejante tesoro...

Por suerte...

Por suerte no era mi caso...

Hoy ha venido un señor a reclamar las monedas.

Era mi vecino.

Pretendía sostener, el muy miserable, que las monedas

las había enterrado su abuelo y que, por lo tanto, le pertenecían.

Me fastidió tanto...

... ¡que lo maté!

Si no lo hubiera visto tan desesperado por tenerlas
se las habría dado,
porque si hay algo que a mí no me importa,
son las cosas que se compran con dinero...
Pero, eso sí,
no soporto a las personas codiciosas...

El oso

Hay cuentos que son particularmente significativos para mí.

Uno de ellos es esta antiquísima historia que me contó alguna vez mi abuelo y que quiero contarte a ti, tal como hoy la recuerdo.

Esta es la historia de un sastre, un zar y su oso.

Un día, el zar descubrió que uno de los botones de su chaqueta preferida se había caído.

El zar era caprichoso, autoritario y cruel (como todos los que se enmarañan durante demasiado tiempo en el poder). Así que, furioso por la ausencia del botón, mandó a buscar al sastre y ordenó que a la mañana siguiente fuera decapitado por el hacha del verdugo.

Nadie contradecía al emperador de todas las Rusias, así que la guardia fue hasta la casa del sastre y, arrancándolo de entre los brazos de su familia, lo llevó a la mazmorra del palacio para que esperara allí su muerte.

Al atardecer, cuando el carcelero le llevó al sastre la última cena, éste meneó la cabeza y musitó: «Pobre zar».

El guardia no pudo evitar la carcajada.

—¿Pobre zar? Pobre de ti. Tu cabeza quedará bastante lejos de tu cuerpo mañana mismo.

—Tú no entiendes —dijo el sastre—. ¿Qué es lo más importante para nuestro zar?

—¿Lo más importante? —contestó el guardia—. No lo sé. Su pueblo.

—No seas estúpido. Digo algo realmente importante para él.

—¿Su esposa?

—¡Más importante!

—¡Los diamantes! —creyó adivinar el carcelero.

—¿Qué es lo que más le importa al zar en el mundo?

—¡Ya lo sé! ¡Su oso!

—Eso. Su oso.

—¿Y?

—Mañana, cuando el verdugo termine conmigo, el zar perderá su única oportunidad de conseguir que su oso hable.

—¿Tú eres entrenador de osos?

—Un viejo secreto familiar... —dijo el sastre—. Pobre zar...

Deseoso de ganarse los favores del zar, el pobre guardia corrió a contarle al soberano su descubrimiento.

¡El sastre sabía enseñar a hablar a los osos!

El zar estaba encantado. Mandó a buscar inmediatamente al sastre, y cuando lo tuvo frente a sí le ordenó:

—¡Enséñale a mi oso nuestro lenguaje!

El sastre bajó la cabeza.

—Me encantaría complacerle, ilustrísima, pero enseñar a hablar a un oso es una tarea ardua y lleva tiempo... Lamentablemente, tiempo es lo que menos tengo.

—¿Cuánto tiempo llevará el aprendizaje? —preguntó el zar.

—Depende de la inteligencia del oso...

—¡El oso es muy inteligente! —interrumpió el zar—.

De hecho es el oso más inteligente de todos los osos de Rusia.

—Bien. Si el oso es inteligente... y siente deseos de aprender... yo creo... que el aprendizaje duraría... duraría... no menos de... ¡dos años!

El zar pensó un momento.

—Bien. Tu pena será suspendida durante dos años mientras entrenes al oso. ¡Mañana empezarás! —ordenó.

—Alteza —dijo el sastre—. Si tú mandas al verdugo a ocuparse de mi cabeza, mañana estaré muerto, y mi familia se las ingeniará para sobrevivir. Pero si me conmutas la pena, ya no tendré tiempo para dedicarme a tu oso... Deberé trabajar de sastre para mantener a mi familia...

—Eso no es problema —dijo el zar—. A partir de hoy, y durante dos años, tú y tu familia estaréis bajo la protección real. Seréis vestidos, alimentados y educados con el dinero del zar y nada que necesitéis o deseéis os será negado... Pero, eso sí: si dentro de dos años el oso no habla... te arrepentirás de haber pensado esta propuesta... Rogarás que el verdugo te hubiera matado... Entiendes, ¿verdad?

—Sí, alteza.

—Bien. ¡Guardias! —gritó el zar—. Que lleven al sastre a su casa en el carruaje de la corte. Dadle dos bolsas de oro, comida y regalos para sus niños. ¡Ya! ¡Fuera!

El sastre, en reverencia y caminando hacia atrás, empezó a retirarse mientras musitaba agradecimientos.

—No lo olvides —le dijo el zar apuntándolo con el dedo directamente a la frente—. Si en dos años el oso no habla...

Cuando todos en casa lloraban por la pérdida del padre de familia, el sastre apareció en la casa en el carruaje del zar, sonriente, eufórico y con regalos para todos.

La esposa del sastre no cabía en sí de asombro. Su marido, al que pocas horas antes se le había llevado al cadalso, volvía ahora, exitoso, acaudalado y exultante...

Cuando estuvieron solos, el hombre le contó los hechos.

—¡Estás loco! —gritó la mujer—. ¡Enseñar a hablar al oso del zar! Tú, que ni siquiera has visto un oso de cerca. Estás loco. Enseñar a hablar a un oso... Loco, estás loco...

—Calma, mujer, calma. Mira, me iban a cortar la cabeza mañana al amanecer, y ahora tengo dos años. En dos años pueden pasar tantas cosas...

—En dos años —siguió el sastre— se puede morir el zar... Me puedo morir yo... Y lo más importante: ¡a lo mejor el oso habla!

SÓLO POR AMOR

Camino por mi camino.

Mi camino es una ruta con un solo carril: el mío.

A mi izquierda, un muro eterno separa mi camino del camino de alguien que transita a mi lado, al otro lado del muro.

De vez en cuando, en este muro encuentro un agujero, una ventana, una hendidura... Y puedo mirar hacia el camino de mi vecino o vecina.

Un día, mientras camino, me parece ver, al otro lado del muro, una figura que transita a mi ritmo, en mi misma dirección.

Miro esa figura: es una mujer. Es hermosa.

Ella también me ve. Me mira.

La vuelvo a mirar.

Le sonrío... Me sonríe.

Un momento después, ella sigue su camino y yo apuro el paso porque espero ansiosamente otra oportunidad para cruzarme con esa mujer.

En la siguiente ventana me detengo un minuto.

Cuando ella llega, nos miramos a través de la ventana.

Le digo con señas lo mucho que me gusta.

Me contesta con señas. No sé si significan lo mismo que las mías, pero intuyo que ella entiende lo que quiero decirle.

Siento que me quedaría un largo rato mirándola y dejándome mirar, pero sé que mi camino continúa...

Me digo que, quizá, más adelante en el camino habrá seguramente una puerta. Y a lo mejor yo puedo cruzarla para encontrarme con ella.

Nada da más certeza que el deseo, así que me apuro para encontrar la puerta que imagino.

Empiezo a correr con la vista clavada en el muro.

Un poco más adelante, la puerta aparece.

Allí está, al otro lado, mi ahora deseada y amada compañera. Esperando... Esperándome...

Le hago un gesto. Ella me devuelve un beso en el aire.

Me hace una seña como llamándome. Es todo lo que necesito. Avanzo contra la puerta para reunirme con ella, a su lado del muro.

La puerta es muy estrecha. Paso una mano, paso el hombro, hundo un poco el estómago, me retuerzo un poquito sobre mí mismo, casi consigo pasar mi cabeza... Pero mi oreja derecha se queda atascada.

Empujo.

No hay forma. No pasa.

Y no puedo usar mi mano para retorcerla, porque no podría poner ni un dedo allí...

No hay espacio suficiente para pasar con mi oreja, así que tomo una decisión... (Porque mi amada está allí, y me espera).

(Porque es la mujer con la que siempre soñé y me está llamando...)

Saco una navaja de mi bolsillo y, de un solo tajo rápido, me atrevo a darme un corte en la oreja para que mi cabeza pase por la puerta.

Y lo consigo: mi cabeza consigue pasar.

Pero, después de mi cabeza, veo que es mi hombro el que queda atrapado.

La puerta no tiene la forma de mi cuerpo.

Hago fuerza, pero no hay remedio. Mi mano y mi cuerpo han pasado, pero mi otro hombro y mi otro brazo no pasan...

Ya nada me importa, así que...

Retrocedo, y sin pensar en las consecuencias, tomo impulso y fuerzo mi paso por la puerta.

Al hacerlo, el golpe desarticula mi hombro y el brazo queda colgado, como sin vida. Pero ahora, afortunadamente, en una posición tal que puedo atravesar la puerta...

Ya casi estoy al otro lado.

Justo cuando estoy a punto de terminar de pasar por la hendidura, me doy cuenta de que mi pie derecho se ha quedado enganchado al otro lado.

Por mucho que me esfuerzo y me esfuerzo, no consigo pasar.

No hay forma. La puerta es demasiado angosta para que mi cuerpo entero pase por ella.

Demasiado angosta: no pasan mis dos pies...

No lo dudo. Estoy ya casi al alcance de mi amada.

No puedo echarme atrás... Así que, agarro el hacha y, apretando los dientes, doy el golpe y desprendo la pierna.

Ensangrentado, a saltos, apoyado en el hacha y con el brazo desarticulado, con una oreja y una pierna menos, me encuentro con mi amada.

—Aquí estoy. Por fin he pasado. Me miraste, te miré,

me enamoré. He pagado todos los precios por ti. Todo vale en la guerra y en el amor. No importan los sacrificios. Valían la pena si eran para encontrarse contigo, para poder seguir juntos... Juntos para siempre...

Ella me mira mientras se le escapa una mueca.

—Así no, así no quiero... A mí me gustabas cuando estabas entero.

Ceremonia del té

Te encuentro...

Te escucho...

Te hablo...

Te abrazo...

Te beso...

Te tengo...

Te aprieto...

Te atrapo...

Te absorbo...

Te asfixio...

¿Te quiero?

OBSTÁCULOS

Este texto que reproduzco aquí no es en realidad un cuento, sino más bien una meditación guiada, diseñada en forma de ensueño dirigido para explorar las verdaderas razones de algunos de nuestros fracasos. Me permito sugerirte que lo leas atentamente, intentando detenerte unos instantes en cada frase, visualizando cada situación.

Voy caminando por un sendero.

Dejo que mis pies me lleven.

Mis ojos se posan en los árboles, en los pájaros, en las piedras.

En el horizonte se recorta la silueta de una ciudad.

Agudizo la mirada para distinguirla bien.

Siento que la ciudad me atrae.

Sin saber cómo, me doy cuenta de que en esta ciudad puedo encontrar todo lo que deseo.

Todas mis metas, mis objetivos y mis logros.

Mis ambiciones y mis sueños están en esa ciudad.

Lo que quiero conseguir, lo que necesito, lo que más me gustaría ser, aquello a lo que aspiro, lo que intento, por lo que trabajo, lo que siempre ambicioné, aquello que sería el mayor de mis éxitos.

Me imagino que todo eso está en esa ciudad.

Sin dudar, empiezo a caminar hacia ella.

Al poco de empezar a andar, el sendero se hace cuesta arriba.

Me canso un poco, pero no importa.

Sigo.

Diviso una sombra negra, más adelante, en el camino.

Al acercarme, veo que una enorme zanja impide mi paso.

Temo... Dudo.

Me enoja que mi meta no pueda conseguirse fácilmente.

De todas maneras, decido saltar la zanja.

Retrocedo, tomo impulso y salto...

Consigo pasarla.

Me repongo y sigo caminando.

Unos metros más adelante, aparece otra zanja.

Vuelvo a tomar carrera y también la salto.

Corro hacia la ciudad: el camino parece despejado.

Me sorprende un abismo que detiene mi camino.

Me detengo.

Es imposible saltarlo.

Veo que a un lado hay maderas, clavos y herramientas.

Me doy cuenta de que están allí para construir un puente.

Nunca he sido hábil con mis manos...

... pienso en renunciar.

Miro la meta que deseo... y resisto.

Empiezo a construir el puente.

Pasan horas, días, meses.

El puente está hecho.

Emocionado, lo cruzo

y al llegar al otro lado... descubro el muro.

Un gigantesco muro frío y húmedo rodea la ciudad de mis sueños...

Me siento abatido...

Busco la manera de esquivarlo.
No hay forma.
Debo escalarlo.
La ciudad está tan cerca...
No dejaré que el muro impida mi paso.
Me propongo trepar.
Descanso unos minutos y tomo aire...

De pronto veo,
a un lado del camino,
a un niño que me mira como si me conociera.
Me sonríe con complicidad.
Me recuerda a mí mismo... cuando era niño.
Quizá por eso me atrevo a expresar en voz alta mi queja.

—*¿Por qué tantos obstáculos entre mi objetivo y yo?*

El niño se encoge de hombros y me contesta.

—*¿Por qué me lo preguntas a mí?*

Los obstáculos no estaban antes de que tú llegaras...

Los obstáculos los trajiste tú.

Había una vez...

(O DE LA FRÁGIL FRONTERA ENTRE EL CUENTO Y LA REALIDAD)

Había una vez... «una vez»

que a fuerza de ser contada

se repitió tantas veces...

que se volvió realidad.

LOS NIÑOS ESTABAN SOLOS

Su madre se había marchado por la mañana temprano y los había dejado al cuidado de Marina, una joven de dieciocho años a la que a veces contrataba por unas horas para hacerse cargo de ellos a cambio de unos pocos pesos.

Desde que el padre había muerto, los tiempos eran demasiado duros como para arriesgar el trabajo faltando cada vez que la abuela se enfermaba o se ausentaba de la ciudad.

Cuando el novio de la jovencita llamó para invitarla a un paseo en su coche nuevo, Marina no dudó demasiado. Después de todo los niños estaban durmiendo como cada tarde, y no se despertarían hasta las cinco.

Apenas escuchó la bocina cogió su bolso y descolgó el teléfono. Tomó la precaución de cerrar la puerta del cuarto y se guardó la llave en el bolsillo. Ella no quería arriesgarse a que Pancho se despertara y bajara las escaleras para buscarla, porque después de todo tenía sólo seis años y en un descuido podía tropezar y lastimarse. Además, pensó, si eso sucediera, ¿cómo le explicaría a su madre que el niño no la había encontrado?

Quizás fue un cortocircuito en el televisor encendido o en alguna de las luces de la sala, o tal vez una chispa del hogar de leña; el caso es que cuando las cortinas empezaron a arder el fuego rápidamente alcanzó la escalera de madera que conducía a los dormitorios.

La tos del bebé debido al humo que se filtraba por debajo de la puerta lo despertó. Sin pensar, Pancho saltó de la cama y forcejeó con el picaporte para abrir la puerta pero no pudo.

De todos modos, si lo hubiera conseguido, él y su hermanito de meses hubieran sido devorados por las llamas en pocos minutos.

Pancho gritó llamando a Marina, pero nadie contestó su llamada de auxilio. Así que corrió al teléfono que había en el cuarto (él sabía como marcar el número de su mamá) pero no había línea.

Pancho se dio cuenta que debía sacar a su hermanito de allí. Intentó abrir la ventana que daba a la cornisa, pero era imposible para sus pequeñas manos destrabar el seguro y aunque lo hubiera conseguido aún debía soltar la malla de alambre que sus padres habían instalado como protección.

Cuando los bomberos terminaron de apagar el incendio, el tema de conversación de todos era el mismo: «¿Cómo pudo ese niño tan pequeño romper el vidrio y luego el enrejado con el perchero?

»¿Cómo pudo cargar al bebé en la mochila?

»¿Cómo pudo caminar por la cornisa con semejante peso y bajar por el árbol?

»¿Cómo pudo salvar su vida y la de su hermano?».

El viejo jefe de bomberos, hombre sabio y respetado les dio la respuesta:

—Panchito estaba solo... No tenía a nadie que le dijera que no iba a poder.

Brevedad

He nacido hoy de madrugada

viví mi niñez esta mañana

y sobre el mediodía

ya transitaba mi adolescencia.

Y no es que me asuste

que el tiempo se me pase tan deprisa.

Sólo me inquieta un poco pensar

que tal vez mañana

yo sea

demasiado viejo

para hacer lo que he dejado pendiente.

LA CIUDAD DE LOS POZOS

> Esta historia representa para mí el símbolo de la cadena que vincula a las personas a través de la sabiduría de los cuentos. Me la contó un paciente que la había escuchado, a su vez, de boca de un ser maravilloso, el curita criollo Mamerto Menapace. Así como la reproduzco ahora se la regalé una noche a Marce y a Paula.

Aquella ciudad no estaba habitada por personas, como todas las demás ciudades del planeta.

Aquella ciudad estaba habitada por pozos. Pozos vivientes... Pero pozos al fin.

Los pozos se diferenciaban entre sí, no sólo por el lugar en el que estaban excavados, sino también por el brocal (la abertura que los conectaba con el exterior).

Había pozos pudientes y ostentosos con brocales de mármol y de metales preciosos; pozos humildes de ladrillo y madera y otros más pobres, con simples agujeros pelados que se abrían en la tierra.

La comunicación entre los habitantes de la ciudad era de brocal a brocal, y las noticias corrían rápidamente de punta a punta del poblado.

Un día, llegó a la ciudad una «moda» que seguramente había nacido en algún pueblecito humano.

La nueva idea señalaba que todo ser viviente que se preciara debería cuidar mucho más lo interior que lo exterior. Lo importante no era lo superficial sino el contenido.

Así fue como los pozos empezaron a llenarse de cosas.

Algunos se llenaban de joyas, monedas de oro y piedras preciosas. Otros, más prácticos, se llenaron de electrodomésticos y aparatos mecánicos. Algunos más optaron por el arte, y fueron llenándose de pinturas, pianos de cola y sofisticadas esculturas posmodernas. Finalmente, los intelectuales se llenaron de libros, de manifiestos ideológicos y de revistas especializadas.

Pasó el tiempo.

La mayoría de los pozos se llenaron hasta tal punto que ya no podían incorporar nada más.

Los pozos no eran todos iguales, así que, si bien algunos se conformaron, otros pensaron que debían hacer algo para seguir metiendo cosas en su interior...

Uno de ellos fue el primero. En lugar de apretar el contenido, se le ocurrió aumentar su capacidad ensanchándose.

No pasó mucho tiempo hasta que la idea empezó a ser imitada. Todos los pozos utilizaban gran parte de sus energías en ensancharse para poder hacer más espacio en su interior. Un pozo, pequeño y alejado del centro de la ciudad, empezó a ver a sus camaradas que se ensanchaban desmedidamente. Él pensó que si seguían ensanchándose de aquella manera, pronto se confundirían los bordes de los distintos pozos y cada uno perdería su identidad...

Quizá a partir de esa idea se le ocurrió que otra manera de aumentar su capacidad era crecer, pero no a lo ancho sino hacia lo más profundo. Hacerse más hondo en lugar de más ancho. Pronto se dio cuenta de que todo lo que tenía dentro de él le imposibilitaba la tarea de profundizar. Si quería ser más profundo tenía que vaciarse de todo contenido...

Al principio tuvo miedo al vacío. Pero luego, cuando vio que no había otra posibilidad, lo hizo.

Vacío de posesiones, el pozo empezó a volverse profundo, mientras los demás se apoderaban de las cosas de las que él se había deshecho...

Un día, algo sorprendió al pozo que crecía hacia dentro. Dentro, muy adentro y muy en el fondo... ¡encontró agua!

Nunca antes otro pozo había encontrado agua.

El pozo superó su sorpresa y empezó a jugar con el agua del fondo, humedeciendo sus paredes, salpicando sus bordes y, por último, sacando el agua hacia fuera.

La ciudad nunca había sido regada más que por la lluvia, que de hecho era bastante escasa. Así que la tierra que rodeaba al pozo, revitalizada por el agua, empezó a despertar.

Las semillas de sus entrañas brotaron en forma de hierba, de tréboles, de flores y de tronquitos endebles que se convirtieron en árboles después...

La vida explotó en colores alrededor del alejado pozo, al que empezaron a llamar «el Vergel».

Todos le preguntaban cómo había conseguido aquel milagro.

—No es ningún milagro —contestaba el Vergel—. Hay que buscar en el interior, hacia lo profundo.

Muchos quisieron seguir el ejemplo del Vergel, pero desestimaron la idea cuando se dieron cuenta de que para ser más profundos tenían que vaciarse. Siguieron ensanchándose cada vez más, para llenarse de más y más cosas...

En la otra punta de la ciudad, otro pozo decidió correr también el riesgo de vaciarse...

Y también empezó a profundizar...

Y también llegó al agua...

Y también salpicó hacia fuera creando un segundo oasis verde en el pueblo...

—¿Qué harás cuando se termine el agua? —le preguntaban.

—No sé lo que pasará —contestaba—. Pero, por ahora, cuanta más agua saco, más agua hay.

Pasaron unos meses antes del gran descubrimiento.

Un día, casi por casualidad, los dos pozos se dieron cuenta de que el agua que habían encontrado en el fondo de sí mismos era la misma...

Que el mismo río subterráneo que pasaba por uno inundaba la profundidad del otro.

Se dieron cuenta de que se abría para ellos una nueva vida.

No sólo podían comunicarse, de brocal a brocal, superficialmente, como todos los demás, sino que la búsqueda les había deparado un nuevo y secreto punto de contacto.

Habían descubierto la comunicación profunda que sólo consiguen aquellos que tienen el coraje de vaciarse de contenidos y buscar en lo profundo de su ser lo que tienen para dar...

Lógica de borracho

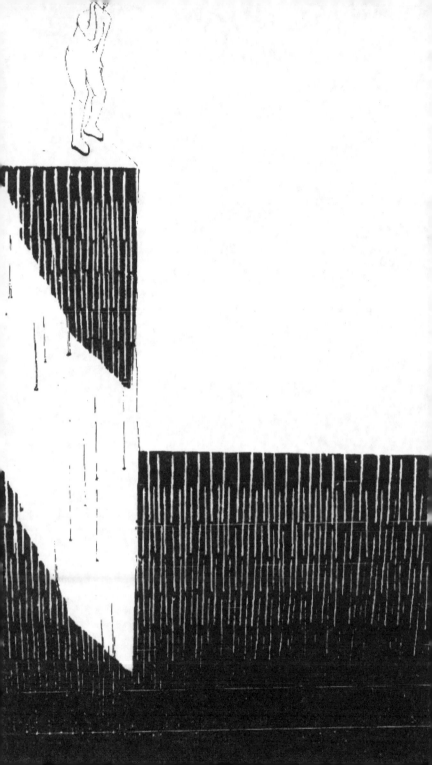

Un tipo llega a un bar, se sienta en la barra y pide cinco vasos de whisky.

—¿A la vez? —pregunta el camarero

—Sí, los cinco —contesta el parroquiano— solos, sin hielo.

El encargado le sirve y el cliente se los bebe de un trago.

—Camarero —dice—. Ahora sírvame **cuatro** vasos de whisky, sin hielo.

Mientras el hombre los sirve, le empieza a ver al cliente una sonrisa estúpida. Después de beberse seguidos los cuatro vasos, trata de sostenerse y mientras se agarra de la barra exclama: «¡Muchacho! Tráeme tres vasos más de whisky». Se ríe un poco y añade: «Sin hielo».

El camarero obedece y el cliente se los vuelve a beber rápidamente.

Ahora no sólo la sonrisa es estúpida, la mirada también.

—¡Amigo! —dice ahora en voz alta—. Ponme dos vasos de lo mismo.

Se los empina y grita dirigiéndose una vez más al cantinero: «¡Hermano! Tú eres como un hermano para mí...».

Ríe a carcajadas y añade: «Sírveme una copa más de whisky, sin hielo. Pero sólo una, ¿ehhh?... Solamente una...».

El del bar le sirve.

El tipo se bebe la solitaria copa de un solo trago y, debido a un mareo irresistible, cae al suelo total y definitivamente ebrio.

Desde el suelo le dice al cantinero: «Mi médico no me quiere creer, pero tú eres testigo. ¡Cuanto menos tomo peor me hace!».

CUENTO SIN U

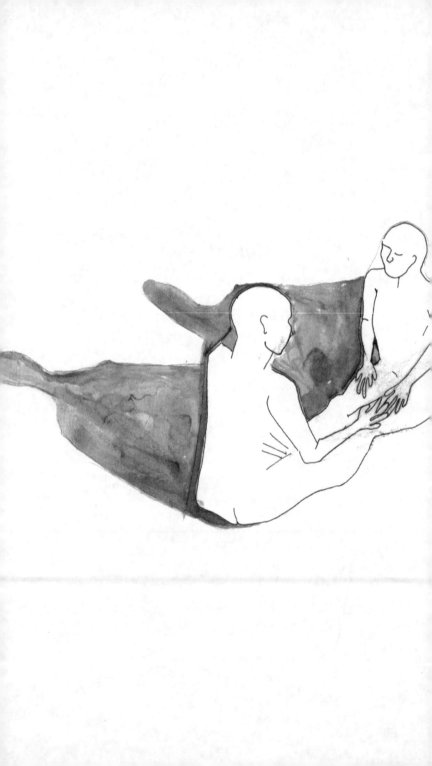

Caminaba distraídamente por el camino y, de pronto, lo vio.

Allí estaba el imponente espejo de mano, al lado del sendero, como esperándolo.

Se acercó, lo alzó y se miró en él.

Se vio bien.

No se vio tan joven, pero los años habían sido bastante bondadosos con él.

Sin embargo, había algo desagradable en su propia imagen.

Cierta rigidez en los gestos lo conectaba con los aspectos más agrios de su propia historia.

La rabia,
      el desprecio,
            la agresión,
                  el abandono,
                      la soledad.

Sintió la tentación de llevárselo, pero rápidamente desechó esa idea. Ya había bastantes cosas desagradables en el planeta para cargar con una más.

Decidió irse y olvidar para siempre ese camino y ese espejo insolente.

Caminó durante horas tratando de vencer la tentación de volver hacia el espejo. Aquel misterioso objeto lo atraía como los imanes atraen a los metales.

Resistió y aceleró el paso.

Tarareaba canciones infantiles para no pensar en aquella imagen horrible de sí mismo.

Corriendo, llegó a la casa donde había vivido desde siempre. Se metió vestido en la cama y se tapó la cabeza con las sábanas.

Ya no veía el exterior, ni el sendero, ni el espejo, ni su propia imagen reflejada en el espejo. Pero no podía evitar la memoria de aquella imagen.

La del resentimiento,
la del dolor,
la de la soledad,
la del desamor,
la del miedo,
la del menosprecio.

Había ciertas cosas indecibles e impensables...

Pero él sabía dónde había empezado todo aquello...

Había empezado aquella tarde, hacía treinta y tantos años...

El niño estaba tendido, llorando frente al lago el dolor de los malos tratos de los demás.

Aquella tarde, el niño decidió borrar, para siempre, la letra del alfabeto.

Aquella letra.

Aquella.

La letra necesaria para nombrar al otro si está presente.

La letra imprescindible para hablar a los demás al dirigirles la palabra.

Si no había manera de nombrarlos dejarían de ser deseados...

Y entonces no habría motivo para sentirlos necesarios...

Y sin motivo ni forma de invocarlos
se sentiría, por fin, libre...

Epílogo

Escribiendo sin «u»
puedo hablar hasta de mi cansancio,
de lo mío, del yo,
de lo que tengo,
de lo que me pertenece...
Hasta puedo escribir de él,
de ellos
y de los demás.
Pero sin «u»
no puedo hablar de ustedes,
del tú,
de lo vuestro.
No puedo hablar de lo suyo,
de lo tuyo,
ni siquiera de lo nuestro.
Así me pasa...
A veces pierdo la «u»...
y dejo de poder hablarte,
pensarte, amarte, decirte.

Sin «**u**», yo me quedo pero t**ú** desapareces...
Y sin poder nombrarte,
¿cómo podría disfrutarte?
Como en el c**u**ento... si t**ú** no existes
me condeno a ver lo peor de mí mismo
reflejándose eternamente
en el mismo,
mismísimo,
est**ú**pido
espejo.

QUIERO

Ésta, mi propuesta sobre las relaciones interpersonales, fue publicada originalmente dentro
del prólogo de la tercera reedición de *Cartas
para Claudia* (Ediciones del Nuevo Extremo),
en 1989.

Quiero que me oigas sin juzgarme
Quiero que opines sin aconsejarme
Quiero que confíes en mí sin exigirme
Quiero que me ayudes sin intentar decidir por mí
Quiero que me cuides sin anularme
Quiero que me mires sin proyectar tus cosas en mí
Quiero que me abraces sin asfixiarme
Quiero que me animes sin empujarme
Quiero que me sostengas sin hacerte cargo de mí
Quiero que me protejas sin mentiras
Quiero que te acerques sin invadirme
Quiero que conozcas las cosas mías que más te disgusten
Que las aceptes y no pretendas cambiarlas
Quiero que sepas... que hoy puedes contar conmigo...
Sin condiciones.

Pequeña historia autobiográfica

Había una vez un señor que vivía como lo que era:

una persona común y corriente.

Un buen día, misteriosamente, notó que la gente empezaba a halagarlo diciéndole lo alto que era:
—¡Qué alto estás!
—¡Cómo has crecido!
—Envidio la altura que tienes...

Al principio, esto lo sorprendió, así que, durante unos días, notó que se miraba de reojo al pasar junto a los escaparates de las tiendas y en los espejos de los autobuses.
Pero el hombre siempre se veía igual, ni tan alto ni tan bajo...
Él trató de restarle importancia, pero cuando después de unas semanas empezó a notar que tres de cada cuatro personas lo miraban desde abajo, empezó a interesarse por el fenómeno.
El señor compró un metro para medirse. Lo hizo con método y minuciosidad, y después de varias mediciones y comprobaciones, confirmó que su estatura era la de siempre.

Los demás seguían admirándolo.

—¡Qué alto estás!

—¡Cómo has crecido!

—Envidio la altura que tienes...

El hombre empezó a pasar largas horas delante del espejo mirándose. Trataba de confirmar si era realmente más alto que antes.

No había manera: él se veía normal, ni tan alto ni tan bajo.

No contento con aquello, decidió marcar el punto más alto de su cabeza con una tiza en la pared (de manera que tendría una referencia fiable de su evolución).

La gente insistía en decirle:

—¡Qué alto estás!

—¡Cómo has crecido!

—Envidio la altura que tienes...

... y se inclinaban para mirarlo desde abajo.

Pasaron los días.

El hombre volvió a marcar la pared con tiza varias veces, pero su marca siempre estaba a la misma altura.

El hombre empezó a creer que se estaban burlando de él. Así que, cada vez que alguien le hablaba sobre alturas, éste cambiaba de tema, lo insultaba o simplemente se iba sin decir una palabra.

De nada sirvió... La cosa seguía:

—¡Qué alto estás!

—¡Cómo has crecido!

—Envidio la altura que tienes...

El hombre era muy racional y pensó que todo aquello debía tener una explicación.

Tanta admiración recibía y era tan bonito recibirla que el hombre deseó que fuera cierto...

Y un día se le ocurrió que, quizá, sus ojos le estaban engañando.

Él podía haber crecido hasta ser un gigante y, por algún conjuro o hechizo, ser el único que no lo podía ver...

—¡Eso! ¡Eso era lo que debía estar pasando!

Montado en esta idea, el señor empezó a vivir, desde aquel momento, una época gloriosa.

Disfrutaba de las frases y las miradas de los demás.

—¡Qué alto estás!

—¡Cómo has crecido!

—Envidio la altura que tienes...

Había dejado de sentir aquel complejo de impostor que tan mal le sentaba.

Un día sucedió el milagro.

Se puso frente al espejo y realmente le pareció que había crecido.

Todo empezaba a aclararse. El hechizo había terminado. Ahora él también podía verse más alto.

Se acostumbró a caminar más erguido.

Caminaba echando la cabeza hacia atrás.

Usaba ropa que lo estilizaba y se compró varios pares de zapatos con plataformas.

El hombre empezó a mirar a los demás desde arriba.

Los mensajes de los demás se llenaron de asombro y fascinación:

—¡Qué alto estás!

—¡Cómo has crecido!

—Envidio la altura que tienes...

El señor pasó del placer a la vanidad y de ésta a la soberbia sin solución de continuidad.

Ya no discutía con quien le decía que era alto. Más bien avalaba su comentario e inventaba algún consejo sobre cómo crecer rápidamente.

Así, pasó el tiempo, hasta que un día... Se cruzó con el enano. El señor vanidoso se apresuró a ponerse a su lado, imaginando anticipadamente sus comentarios. Se sentía más alto que nunca...

Pero, para su sorpresa, el enano permaneció en silencio.

El señor vanidoso carraspeó, pero el enano no pareció darse cuenta. Y aunque se estiró y estiró hasta casi desarticulase el cuello, el enano se mantuvo impasible.

Cuando ya no pudo más, le susurró:

—¿No te sorprende mi altura? ¿No me ves gigantesco?

El enano lo miró de arriba abajo. Lo volvió a mirar y, con escepticismo, dijo:

—Mire: desde mi altura todos son gigantes y, la verdad, es que desde aquí usted no me parece más gigante que los demás.

El señor vanidoso lo miró despectivamente y, como único comentario le gritó:

—¡Enano!

Volvió a su casa, corrió hacia el gran espejo de la sala y se puso delante de él...

No se vio tan alto como aquella mañana.

Se puso junto a las marcas de la pared.

Marcó con una tiza su altura y la marca... ¡se superpuso a todas las anteriores!

Tomó el metro y, temblorosamente, se midió, confirmando lo que ya sabía.

No había crecido ni un milímetro...
Nunca había crecido ni un milímetro...

Por primera vez en mucho tiempo, volvió a verse como uno más, una persona igual a todas las otras.

Volvió a sentirse de su altura: ni alto ni bajo.

¿Qué iba a hacer ahora cuando se encontrase con los demás?

Ahora él sabía que no era más alto que nadie.

El señor lloró.

Se metió en la cama y creyó que no iba a salir nunca más de su casa.

Estaba muy avergonzado de su verdadera altura.

Miró por la ventana y vio a la gente de su barrio caminar frente a su casa... ¡Todos le parecían tan altos!

Asustado, volvió a correr para ponerse frente al espejo de la sala, esta vez para comprobar si no se había achicado.

No. Su altura parecía la de siempre...

Y entonces comprendió...

Cada uno ve a los demás mirándolos desde arriba o desde abajo.

Cada uno ve a los altos o a los bajos según su propia posición en el mundo,

según sus limitaciones,
según sus costumbres,
según su deseo,
según su necesidad...

El hombre sonrió y salió a la calle.

Se sentía tan liviano que casi flotaba por la acera.

El señor se encontró con cientos de personas que lo vieron gigante y otros que lo vieron insignificante, pero ninguno de ellos consiguió inquietarlo.

Ahora, él **sabía** que era uno más.

Uno más...

Como todos...

LA TRISTEZA Y LA FURIA

Para Ana María Bovo

En un reino encantado donde los hombres nunca pueden llegar, o quizá donde los hombres transitan eternamente sin darse cuenta...

En un reino mágico donde las cosas no tangibles se vuelven concretas...

Había una vez...

un estanque maravilloso.

Era una laguna de agua cristalina y pura donde nadaban peces de todos los colores existentes y donde todas las tonalidades del verde se reflejaban permanentemente...

Hasta aquel estanque mágico y transparente se acercaron la tristeza y la furia para bañarse en mutua compañía.

Las dos se quitaron sus vestidos y, desnudas, entraron en el estanque.

La furia, que tenía prisa (como siempre le ocurre a la furia), urgida —sin saber por qué—, se bañó rápidamente y, más rápidamente aún, salió del agua...

Pero la furia es ciega o, por lo menos, no distingue claramente la realidad. Así que, desnuda y apurada, se puso, al salir, el primer vestido que encontró...

Y sucedió que aquel vestido no era el suyo, sino el de la tristeza...

Y así, vestida de tristeza, la furia se fue.

Muy calmada, muy serena, dispuesta como siempre a quedarse en el lugar donde está, la tristeza terminó su baño y, sin ninguna prisa —o, mejor dicho, sin conciencia del paso del tiempo—, con pereza y lentamente, salió del estanque.

En la orilla se dio cuenta de que su ropa ya no estaba.

Como todos sabemos, si hay algo que a la tristeza no le gusta es quedar al desnudo. Así que se puso la única ropa que había junto al estanque: el vestido de la furia.

Cuentan que, desde entonces, muchas veces uno se encuentra con la furia, ciega, cruel, terrible y enfadada. Pero si nos damos tiempo para mirar bien, nos damos cuenta de que esta furia que vemos es sólo un disfraz, y que detrás del disfraz de la furia, en realidad, está escondida la tristeza.

CARTA DE UN ASESINO CONFESO

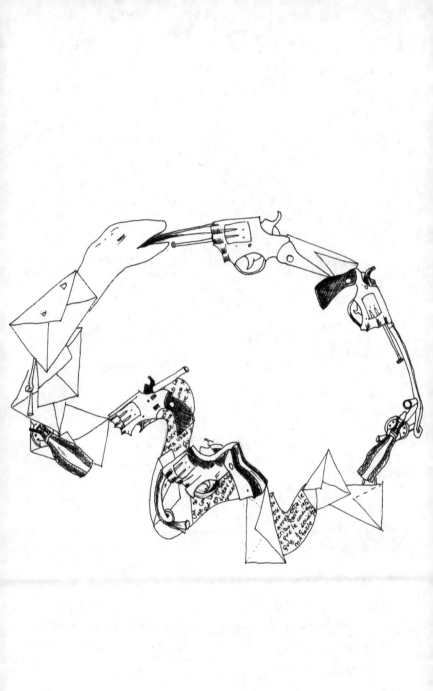

Sr. Dr. Joaquín María Ayanack
Calle Gualeguaychú 431
Capital Federal
S/M

Estimado señor,

Antes de nada, debo decirle que usted no me conoce. Por lo menos no en el sentido vulgar del conocer. Es decir, como yo lo conozco a usted.

Quiero decir que yo sí que tengo agendado su nombre y su domicilio. Yo conozco su edad, sus gustos, el lugar donde va de vacaciones, la marca del coche que usa. Conozco el nombre de su esposa, el de sus hijos y hasta el de su perro cocker («Pongo», ¿verdad?). Me interrumpe pensar que quizá todos estos datos lo inquieten un poco.

Como todos los que transitan por espacios de poder, tiene usted también sus aspectos paranoides. Me lo imagino preguntándose: «¿Cómo sabe estas cosas de mí?, ¿dónde consiguió ese dato?».

Para evitar que se siga angustiando con esas preguntas, me apresuro en responderle que no existe ningún dato tan secreto que un poco de dinero y mucho tiempo no sean capaces de conseguir... Y, la verdad, es que no me falta ni una cosa ni la otra. (A veces me parece que lo que hace que Dios sea omnipotente no es el poder, sino la paciencia infinita que da la inmortalidad. Nosotros, los humanos, en cambio, nos enfrentamos con ese grado de urgencia al que nos obliga la forzosa conciencia de nuestra finitud.)

Eso sí, para llevar adelante una investigación seria hace falta adosarle a la paciencia un poco de inteligencia y, obviamente, una cantidad de interés por lo investigado proporcional a la dificultad. (Porque, además, sin interés es imposible aguzar la inteligencia...)

Quizá fuera justo empezar por contarle cuándo empezó mi interés por usted.

Es muy probable que no lo recuerde, ya que han pasado muchos años. Pero el caso es que, un día, exactamente el jueves 23 de julio de 1991, pasadas las dos de la tarde (dos y cuarto exactamente) usted transitaba con su BMW gris por la calle Avellaneda, en Flores. Había llovido toda la tarde y las calles estaban encharcadas como siempre. Al llegar a la esquina de Artigas, dobló a la izquierda a toda velocidad y enfiló hasta Gaona, dejando que el coche se desplazara un poco de cola, como a usted le gusta doblar. Justo ahí, a metros de Avellaneda, hay un bache. Usted lo conocía, sabía de ese bache porque se arrimó a la derecha para esquivarlo (¿se acuerda?)... Al hacerlo, claro, salpicó al viejecito que intentaba cruzar aprovechando que el semáforo cortaba el tráfico de Artigas. Lo salpicó de arriba abajo, desde las rodillas hasta el sombrero.

Usted lo vio. Yo sé que lo vio.

Y, misteriosamente, contra todo lo esperado, doctor, ¡usted no paró! Y no sólo no paró, sino que además (y esto fue lo más significativo) hizo un gesto... Un gesto que debió durar tres o cuatro segundos, no más... Un gesto de desprecio, un rictus de fastidio, unos milímetros de torcedura de su boca... A eso siguió un leve, levísimo encogimiento de hombros que dijo, clara y fugazmente, todo lo que hacía falta saber sobre su lectura de lo ocurrido.

Ese día yo me dije: «¡Qué mala persona!».

Conviene que yo le aclare algo sobre mí. No tengo prejuicios. No tengo nada contra los coches importados ni contra sus poseedores. También soy, creo, comprensivo y tolerante. Así que, después, pensé que tal vez me había equivocado y su actitud no había sido tal. O quizá esa actitud suya había sido excepcional.

Una excepción a la regla que media su vida, un mal momento, un error, un exabrupto...

Ojalá lo entienda, doctor. Para alguien como yo, que no entiende de aproximaciones ni de medias tintas, las cosas son o no son. Y la única manera de saber si usted era o no un bastardo era investigándolo, investigándolo seriamente...

¡Así que eso es lo que hice!

Durante los últimos cinco años me he dedicado a saber de usted para poder ratificar o rectificar esa horrible primera impresión que me causó su actitud.

Y aquí estoy, doctor Ayanack. La investigación ha terminado o, mejor dicho, lo hallado es más que suficiente para una conclusión: usted es aún más despreciable de lo que yo pude pensar en 1991.

El 24 de julio, al día siguiente del incidente, a la una y media de la tarde, me paré en la misma esquina de Artigas y Avellaneda esperando a que pasara, apoyándome en la presunción de que usted, como yo, no cambia sus rutas cotidianas (siempre me ha sorprendido esa odiosa manía que tenemos los humanos de hacer rígida nuestra conducta en hábitos: comemos siempre lo mismo, nos vestimos del mismo color, veraneamos en la misma ciudad, consumimos la misma marca de cigarrillos y, por supuesto, recorremos las mismas calles de la ciudad para ir de un lugar a otro).

Usted no es una excepción. Así que a las dos y catorce minutos volvió a doblar con su BMW por Artigas hacia Gaona y esquivó el bache de Artigas arrimándose a la acera de mano derecha.

Ese día no había agua, ni viejecito cruzando. No hubo gesto ni nada que me distrajera de anotar su número de matrícula: B-2153412.

El lunes siguiente decidí no trabajar y dedicar a la investigación el día completo. Así que me subí a mi coche, lo aparqué sobre Artigas y, de nuevo, esperé su paso. A la hora de siempre, el coche importado gris dobló y empecé a seguirlo: Juan B. Busto, Warnes, Serrano, Santa Fe, Gurruchaga. Confieso que me fastidió un poco verlo aparcar entre los lugares reservados para la comisaría de la esquina de Santa Fe y Gurruchaga. Por un momento imaginé que sería usted comisario, o algo así. Pero no, usted ni siquiera entró en la comisaría. Pasó frente a la puerta y el guardia urbano lo saludó con la venia. Desde mi coche lo vi caminar por Santa Fe hacia Canning unos veinte o treinta metros y entrar en un edificio. En aquel momento el guardia urbano hizo sonar el silbato haciendo señas para que avanzara.

¿Por qué, doctor, puede usted aparcar su coche en un lugar reservado para la comisaría y yo tuve que ir a buscar un lugar donde aparcar, cosa difícil, por cierto, en aquella zona?

¿Por qué, doctor, nos hemos transformado en un compendio de oscuros privilegios concedidos o usurpados que benefician a unos a expensas de todos los demás?

¿Cómo es que el hecho de tener una profesión como la de comisario, o subcomisario, permite hacer suyo un pedazo de ciudad para guardar su coche, y encima concede el poder de trasladar ese don a otros?

Porque usted, doctor, no trabaja en la comisaría. Usted es «amigo del comisario». ¿Da eso derecho a unos metros cuadrados de vía pública? ¿Cuánto cuesta esa dádiva, doctor? ¿Un «favorcito»? ¿Un «dinerito»? ¿Una concesión compensatoria «non sancta»?

Mascullando palabrotas contra usted, la policía, el ayuntamiento y el sistema, aparqué y caminé las dos manzanas de vuelta hasta Santa Fe.

Al final de la tarde ya sabía lo que necesitaba para empezar mi investigación. Sabía su nombre, la dirección de su oficina, su profesión (abogado penalista) y su horario de atención: los lunes, miércoles, jueves y viernes de dos a seis.

Hasta el momento en que entré en su oficina, confieso que aún tenía dudas sobre mis presunciones. Tanto el episodio de Flores como el «privilegio» del estacionamiento frente a la comisaría no eran suficientes para mí... Pero cuando su secretaria Mirta (la rubia, la que tiene dos hijos y vive en Liniers) me dio cita con usted para las dos del siguiente lunes, me di cuenta de su falta de respeto a los demás. Porque su secretaria sigue sus indicaciones, doctor, y usted y yo sabemos que no puede llegar a las dos si a las dos y cuarto... ¡dobla por Artigas, en Flores!

¿Qué se supone que hace la persona que ha sido citada a las dos, entre las dos de la tarde y las tres menos cuarto, que es cuando usted llega? ¿Qué hace con su problema legal, con su ansiedad y con su angustia? No sabe qué hace, ¿verdad, doctor? No lo sabe ni le importa un rábano... Que espere. El otro, que espere.

Confieso, doctor, que mi opinión sobre los penalistas nunca ha sido maravillosa. Siempre he pensado que las personas deberían tener alguna imagen de sí mismos relacionada con la profesión que después eligen. No puede ser casual que casi todos los médicos sean hipocondríacos, casi todos los economistas sean tramposos y que no existan abogados fiables. Muchos meses de mi investigación los he dedicado a estudiar psicología. Ha sido un intento de llegar a comprenderlo a usted y sus mecanismos. No me cabía en la cabeza que un individuo que se dedicaba a la justicia tuviera una idea tan poco aceptable de la moral y de lo justo. Aprendí, entonces, algo que se llama «formación reactiva» (un supuesto mecanismo mediante el cual uno actúa para intentar cambiar el signo de la acción que sigue a un deseo censurable...).

La psicología sería mucho más benévola con usted que yo, doctor. Para la ciencia, usted «sublima sus pulsiones» con su profesión, lo cual, así enunciado, hasta parece ennoblecedor. No, doctor. No hay ningún mecanismo reactivo que justifique, por ejemplo, que usted haya conseguido que su cliente, Fuentes Orbide, saliera en libertad incriminando a su socio y cuñado. Usted sabía que el otro era inocente. Usted sabía que su presentación y planteamiento de defensa terminaría cambiando el lugar, en la cárcel, de su cliente por el de su víctima. Y, sin embargo, igual lo hizo. Usted no defendía la justicia, doctor. Ni siquiera a su cliente.

Usted defendió su bolsillo, su renombre, su interés personal. Dos semanas después de que el pobre socio de su cliente fuera detenido, alguien le habló sobre el caso, en un pasillo de los tribunales. El comentario era una especie de *reproche por haberlo «mandado preso»... ¿Recuerda su respuesta, doctor? Sus palabras resuenan en mi cabeza como si hubiera estado allí escuchando. Usted dijo: «Bueno. Si no puede pagarse un buen abogado, ¡que se joda!».*

Nada de justificaciones reactivas para usted, doctor. Nada de interpretaciones de sublimación para las actitudes de la más baja calaña.

¿Es que vamos a echarle la culpa a sus pulsiones por esa repulsiva escala de valores con la que usted maneja sus relaciones interpersonales? ¿Vamos ahora a interpretar como «fobia a la pobreza» esa actitud en el restaurante de la calle Alvear aquel mediodía de septiembre...?

Déjeme que le ayude a recordar...

Fue hace más o menos dos años. Usted almorzaba con María Elena, su amante, en el restaurante de Alvear. Así que debía ser martes (mucho tiempo me llevó entender que los martes eran los días dedicados a su amante). Yo los miraba sentado en una mesa no demasiado alejada, como tantas otras veces. Aquel día, mientras comíamos, entró un niño de unos diez años vendiendo rosas por las mesas. Nadie lo había visto: ni los camareros, ni María Elena, ni yo... Y, de pronto, usted gritó: «¡Camarero!». Y el camarero que le atiende siempre (y que le teme tanto como le odia), se acercó rápidamente. Entonces, usted hizo que el camarero echara al chico a empujones a la calle.

La psicología tendrá muchas explicaciones para estas canalladas, pero yo sólo tengo una. Usted es un canalla, doctor. Tan canalla que no merece vivir.

Pensará usted: «Y a éste, ¿qué le importa?». Me importa, doctor, me importa mucho...

Me importa porque yo soy aquel viejecito que usted salpicó en Artigas y Gaona hace cinco años. Me importa porque también soy quien tiene que caminar dos manzanas todos los días porque no puede aparcar en Gurruchaga y Santa Fe. Me importa porque soy su esposa, doctor, que quisiera comer con usted alguna vez, y porque, de alguna manera, también soy su amante, que quisiera no comer con usted algún martes. Me importa porque soy el preso inocente que paga en la cárcel por lo que no hizo. Me importa porque, de muchas maneras, yo soy el niño que intenta vender las flores en el restaurante de la calle Alvear...

Los psicólogos me han enseñado mucho sobre los mecanismos de la mente. Así que debo admitir, por fin, aunque me duela, que me importa porque, seguramente, yo soy tan canalla como usted, doctor. **Yo soy tan corrupto, tan soberbio, tan agresivo, tan interesado, tan egoísta, tan humillante, tan autoritario y tan despreciable como usted.** En los últimos años, doctor, he llegado a pensar, por momentos, que usted no era más que una parte de mí. Una horrible parte mía, con vida independiente, que muestra lo peor de mí en cada una de sus actitudes.

Creo que fue a partir de esas ideas de «encarnaciones», «identificaciones» y «escisiones de la personalidad» cuando me di cuenta de que usted no sólo no merecía vivir, sino que, además, debía morir.

Sí. ¡Morir! ¿Pero morir cómo?

Quién sabe...

¿Cuál sería la forma más justa? ¿Accidente? ¿Infarto? ¿Suicidio? No lo sé...

La más honesta, sin duda, sería, lisa y llanamente, el asesinato. Es decir, que alguien, finalmente, decidiera matar lo que usted tan arquetípicamente representa del resto de nosotros.

¿Entiende usted el porqué de mi carta, doctor?

No le escribo para que se arrepienta...

Le escribo para informarle (porque creo que le concierne) de que he decidido **matarle**.

Por supuesto —yo lo sé—, usted pensará en tomar sus medidas de precaución: guardias, armas, guardaespaldas, sistemas de alarma, custodia en su casa, investigación de todo su personal, etc.

Pero, ¿cuánto tiempo se puede mantener todo eso?

¡Me costó cinco años reunir la información que me permite sentenciarlo con justicia! Puedo esperar cinco, diez o veinte para cumplir la ejecución... En algún momento la vigilancia se debilita, la precaución se olvida, los detalles se descuidan... Y en ese momento, doctor Ayanack, yo estaré esperándolo.

Puede que alguien dude (quizá usted mismo) de que este aviso de asesinato sea real...

Si yo mismo soy real...

¿Cómo saber, por ejemplo, si esto no es una especie de acto de culpabilidad inconsciente por su parte? En un psicologismo salvaje, alguien podría preguntarse si ésta es una carta dirigida por usted a sí mismo para reprocharse sus miserables acciones.

En contra de esta postura, está mi idea de que usted es absolutamente incapaz de sentir culpa.

Le considero un amoral, en el explícito sentido de la palabra.

Aunque existe, a favor de esta posibilidad, un acto inquietante. Como la policía podrá comprobar, esta carta ha sido escrita en su máquina de escribir, la que está sobre su escritorio, en la casa de Floresta. El papel es el mismo que usted utiliza y ha salido de su cajón del escritorio. Si consideramos el tiempo que lleva mecanografiar esta carta, llegaríamos a la conclusión de que la única persona que podría haberla escrito sin despertar sospechas es... usted mismo, doctor.

Este pequeño misterio final que toma nuestra historia me encanta porque le concede un toque de novela policíaca que me fascina. Voy a guardarme el secreto de cómo lo hice para poder volver a escribirle si apareciera algo más que debiera decirle.

Por ahora, me despido de usted, no sin antes permitirme hacerle una petición.

Cuídese, doctor Ayanack, ¡cuídese! No me gustaría que, por un tonto descuido, un accidente real transformara en inútil todo mi trabajo.

J.M.A.

Ilusión

(Publicado en *Cartas para Claudia,* Ediciones del Nuevo Extremo, 1982.)

Había una vez un campesino gordo y feo

que se había enamorado (¿cómo no?)

de una princesa hermosa y rubia...

Un día, la princesa —vaya usted a saber por qué—

dio un beso al feo y gordo campesino...

y, mágicamente, éste se transformó

en un esbelto y apuesto príncipe.

(Por lo menos, así lo veía ella...)

(Por lo menos, así se sentía él...)

El guerrero

> «Puedo decir del amor que tuve
> que no es inmortal puesto que es llama
> pero que es infinito en tanto dure...»
>
> Vinicius de Moraes

El cuerpo gigantesco del guerrero sumerio estaba arado de cicatrices y su piel curtida por el sol y la nieve.

Su nombre era Jormá, y cuenta esta historia que, cierta vez, mientras cabalgaba con tres de sus amigos de una ciudad a otra, sufrieron una emboscada a manos de sus más crueles enemigos.

Los cuatro guerreros combatieron con fiereza, pero sólo Jormá consiguió sobrevivir. Sus tres amigos cayeron muertos durante la lucha.

Ensangrentado y exhausto, Jormá se dio cuenta de que necesitaba descansar, reponer fuerzas y sanar sus heridas.

Miró a su alrededor en busca de un lugar seguro y divisó una pequeña caverna excavada en una montaña cercana.

Casi arrastrándose llegó hasta allí y, una vez dentro de la cueva, extendió sobre el suelo su piel de oso y se quedó profundamente dormido.

Horas o días después, lo despertó el hambre.

Sintió que su estómago estaba algo caliente. Todavía dolorido, Jormá decidió salir a buscar algunas ramas y troncos secos para prender un pequeño fuego en su guarida provisional y comer así un poco de la carne salada que llevaba consigo.

Cuando la luz de las llamas iluminó el interior del refugio, el guerrero no podía creer lo que veía: el reducto que había encontrado no era simplemente una cueva, sino un templo, un templo excavado en la roca...

Por las inscripciones y los símbolos, el sumerio descubrió que el templo había sido construido en honor a un solo dios... El dios Gotzú.

Jormá había aprendido a desconfiar de las casualidades, y quizá por eso no dudó en pensar que sus pasos habían sido conducidos hasta la cueva por el mismísimo dios del templo, para poder así guardar su sueño.

Jormá llegó a la conclusión de que aquélla era una señal.

A partir de aquel momento encomendaría su espada al dios Gotzú.

Se quedaría allí hasta que sus heridas sanasen.

Mientras tanto, prendería un gran fuego bajo el altar que presidía la inmensa imagen en piedra del dios y cazaría algún animal al que sacrificaría en su honor.

Cinco días y cinco noches más estuvo el guerrero en la cueva de la montaña, reponiéndose y honrando a Gotzú.

Durante aquel periodo de tiempo, no dejó que se apagara la llama que iluminaba el altar.

Al sexto día, Jormá se dio cuenta de que era hora de seguir su camino, y quiso dejar, antes de partir, una ofrenda a Gotzú en señal de gratitud.

—Una llama eterna —pensó—. Pero, ¿cómo conseguirla?

Jormá salió de la cueva y se sentó en una roca al borde del sendero a meditar sobre el problema.

Sabía que un poco de aceite ayudaría a mantener la llama, pero no era suficiente.

Pensó, por un momento, que quizá debía buscar mucha leña, tanta como para que nunca se consumiera. Tanta, que durara eternamente... Pero rápidamente se dio cuenta de lo vano que sería aquel esfuerzo... Mucha madera aumentaría la intensidad del fuego pero no la duración de la llama...

Un monje de túnica blanca que caminaba por el sendero se detuvo frente a Jormá.

Tal vez de puro curioso, o quizá por la sorpresa de ver a un guerrero en tan reflexiva actitud, el monje se sentó frente al sumerio y se quedó inmóvil mirándolo como si pasara a ser parte del paisaje.

Horas después, cuando el sol ya caía, Jormá todavía seguía pensando...

Lo ocupaba tanto su problema que no se sorprendió demasiado cuando el monje le habló.

—¿Qué te pasa, guerrero? Pareces preocupado... ¿Puedo ayudarte?

—No lo creo —dijo el guerrero—. Esta cueva, mi señor, es el templo del dios Gotzú, a quien hace cinco lunas he consagrado como mi protector, el destinatario de mis oraciones, el objeto último de mi lucha. Pronto deberé partir y quisiera honrarlo eternamente, pero no sé cómo conseguir que la llama que he encendido dure para siempre.

El monje meneó la cabeza y, como si hubiera adivinado el camino que había recorrido el pensamiento del guerrero, le dijo:

—Para que la llama sea eterna, necesitarás algo más que madera y aceite...

—¿Qué necesitaré? —se apresuró a preguntar Jormá—. ¿Qué más necesito?

—Magia —dijo el monje secamente.

—Pero yo no soy mago, ni sé de magia...

—Sólo la magia puede conseguir que algo sea eterno.

—Yo **quiero** que la llama sea eterna —dijo el guerrero. Y continuó—: Si consigo la magia, ¿me puedes asegurar que la llama para Gotzú será eterna?

—¿Asegurar? Hace una semana ni siquiera sabías de la existencia de este templo a Gotzú... Y hoy quieres para él un homenaje eterno. Esto es lo que hoy deseas. ¿Acaso tú puedes asegurar que tu deseo será eterno?

Jormá quedó en silencio.

El guerrero se dio cuenta de que nadie podía afirmar la eternidad de un deseo...

El monje volvió a menear la cabeza y se puso de pie.

Se acercó a Jormá y, apoyándole la mano abierta en el pecho, le dijo:

—Te diré un secreto...

¡La magia sólo dura mientras persiste el deseo!

Rebelión

lion Rebelion Rebelion Rebelion Rebelion
elion Rebelion Rebelion Rebelion Rebeli
lion Rebelion Rebelion Rebelion Rebelion
lion Rebelion Rebelion Rebelion Rebeli
Rebelion Rebelion Rebelion Rebelion Rebel
lion Rebelion Rebelion Rebelion Rebelion
n Rebelion Rebelion Rebelion Rebelion Re
belion Rebelion Rebelion Rebelion Rebel
lion Rebelion Rebelion Rebelion Rebelion
n Rebelion Rebelion Rebelion Rebelion R
lion Rebelion Rebelion Rebelion Rebelion
ebelion Rebelion Rebelion Rebelion Rebeli
lion Rebelion Rebelion Rebelion Rebelion
lion Rebelion Rebelion Rebelion Rebelion
n Rebelion Rebelion Rebelion Rebelion Reb
ion Rebelion Rebelion Rebelion Rebelion
ion Rebelion Rebelion Rebelion Rebelion
ebelion Rebelion Rebelion Rebelion Rebeli
ion Rebelion Rebelion Rebelion Rebelion
on Rebelion Rebelion Rebelion Rebelion R
ion Rebelion elion Rebelion Rebel ion
ion Rebelion Rebelion Rebelion Rebelion
ebelion Rebelion Rebelion Rebelion Rebeli
n Rebelion Rebelion Rebelion Rebelion Reb
ion Rebelion Rebelion Rebelion Rebelion
ebelion Rebelion Rebelion Rebelion Rebeli
lion Rebelion Rebelion Rebelion Rebelion

Y, de pronto, el timbre sonó.

—¿Estás ahí? —escuché—. ¡Es la hora!
—Ya voy —contesté automáticamente.
—Ya es tarde. Abre la puerta.

Estaba harto.

Pensé en agarrar el martillo y hacerlo...
Con un poco de suerte podría, de un solo golpe, terminar
con el incesante martirio.

Sería maravilloso.
        No más controles...
                No más urgencias...
                        ¡No más cárcel!

Tarde o temprano todos se enterarían de lo que hice...
Tarde o temprano alguien se animaría a imitarme...
Y después, quizá otro...
Y otro...
Y muchos otros ganarían coraje.

Una reacción en cadena que permitiría terminar para siempre con la opresión.
Deshacernos definitivamente de ellos.
Deshacernos de ellos en todas sus formas...

Pronto me di cuenta de que mi sueño era imposible.
Nuestra esclavitud parece ser, a la vez, nuestra única posibilidad...
Nosotros hemos creado a nuestros carceleros,
y, ahora, sin ellos, la sociedad no existiría.

Es necesario que lo admita...

¡Ya no sabríamos vivir sin relojes!

Sueños semilla

En 1980 me crucé con algunos de los libros del doctor Ira Progoff y con su metáfora maravillosa del roble y la bellota. De la lectura de sus trabajos surgió esta idea.

En el silencio de mi reflexión
percibo todo mi mundo interno
como si fuera una semilla,
de alguna manera pequeña e insignificante
pero también pletórica de posibilidades.

Y veo en sus entrañas
el germen de un árbol magnífico,
el árbol de mi propia vida
en proceso de desarrollo.

En su pequeñez, cada semilla contiene
el espíritu del árbol que será después.

Cada semilla sabe cómo transformarse en árbol,
cayendo en tierra fértil,
absorbiendo los jugos que la alimentan,
expandiendo las ramas y el follaje,
llenándose de flores y de frutos
para poder dar lo que tienen para dar.

Cada semilla sabe
cómo llegar a ser árbol.
Y tantas son las semillas
como son los sueños secretos.

Dentro de nosotros, innumerables sueños
esperan el momento de germinar,
echar raíces y darse a luz,
morir como semillas...
para convertirse en árboles.

Árboles magníficos y orgullosos
que a su vez nos digan, en su solidez,
que oigamos nuestra voz interior;
que escuchemos
la sabiduría de nuestros sueños semilla.

Ellos, los sueños, indican el camino
con símbolos y señales de toda clase,
en cada hecho, en cada momento,
entre las cosas y entre las personas,
en los dolores y en los placeres,
en los triunfos y en los fracasos.
Lo soñado nos enseña, dormidos o despiertos,
a vernos,
a escucharnos,
a darnos cuenta.
Nos muestra el rumbo en presentimientos huidizos
o en relámpagos de lucidez cegadora.

Y así crecemos,
nos desarrollamos,
evolucionamos...

Y, un día, mientras transitamos
este eterno presente que llamamos vida,
las semillas de nuestros sueños
se transformarán en árboles,
y desplegarán sus ramas
que, como alas gigantescas,
cruzarán el cielo,
uniendo en un solo trazo
nuestro pasado y nuestro futuro.

Nada hay que temer...
          Una sabiduría interior las acompaña...
                    Porque cada semilla sabe
                              cómo llegar a ser árbol.

Obituario para un hombre singular

28 de noviembre de 1984

Hoy ha muerto un hombre.
Este hombre era mi amigo.
Este hombre tenía 35 años.
Desde alguna perspectiva, demasiado joven, sobre todo desde la óptica de la edad que las estadísticas reservan para la muerte.
Tiempo suficiente para lo hecho y absolutamente insuficiente para todo lo que se dejó sin hacer.

Este hombre era un ser humano interesante y una persona magnífica, pero básicamente era un individuo muy particular. Las opiniones sobre su existencia oscilan desde quienes lo tenían por un pedante insoportable hasta quienes sostienen que tenía la lucidez y la falta de humildad de los genios. Yo, que lo conocí como nadie, puedo contar que no era ni un genio ni un pedante. Era una persona que disfrutaba de su hacer y que, definido por sí mismo como un hedonista, vivía, como es lógico, haciendo.
Esta tendencia indiscriminada a la acción fue, quizá, una de las mayores dificultades que lo enfrentó en su relación con los demás. Casi todos, para él, eran muy lentos o inactivos, y por alguna razón que creo adivinar, se rodeó

permanentemente de seres intelectualmente perezosos, a los cuales criticó despiadadamente. En un intento de aclarar esa actitud —quizá para justificarlo—, pienso que él no sólo no se consideraba un genio, sino que sospechó toda su vida que allá, muy atrás o muy adentro, era en realidad un idiota, un inepto, un ineficaz o, simplemente, un ser incapaz de todo acto creativo.

Pero mucho más que la actividad, mi amigo, aquí yacente, amaba la espectacularidad en las cosas. Sus amores debían ser pasiones. Sus gustos infinitos. Su tarea inigualable. Su energía inagotable. En su actividad profesional era, por esto, un maravilloso terapeuta catártico. Nadie como él era capaz de desencadenar un *acting* lleno de descarga emocional. (Me pregunto hoy: ¿Sería esto lo que siempre buscó para sí? Después de todo, él siempre se quejó de no encontrar un terapeuta capaz de ayudarlo definitivamente. ¿Qué quería? Quizá un terapeuta como él...)

Todo esto, dicho así o visto así, lo hace parecer maravilloso. ¿Cómo no enamorarse de alguien que se comprometía con cada cosa que hacía, grande o pequeña, con el mismo absurdamente desbordado entusiasmo? Y, sin embargo, había otra cara de esta alegre moneda, otro aspecto más patético, como a él le gustaba decir, de esta misma situación... Quizá el lado indeseable de esta modalidad o, por qué no, el motor de estas características, era el siguiente:

Este hombre se aburría con mucha facilidad.

Tal vez sea éste el único verdadero impulso de toda actividad de mi gran amigo y compañero. Él se enamoraba y se aburría de las personas, de los trabajos, de los deportes, de las maneras de vestir y de decir. Para ser sinceros, se aburría también de maneras de ser y de pensar. A pesar de que hoy, cuando existencialmente llega la hora de cerrar un balance, debo reconocer que hubo también cosas de las cuales nunca se aburrió. Vivió para ellas y por ellas, con toda la pasión con que disfrutaba o sufría sus otras vivencias. El símbolo más claro que me viene a la memoria es que nunca lo vi cansado, aburrido, harto, o apartándose de sus hijos.

(¿Será ésta la excepción que confirma la regla? O, simplemente, le faltó tiempo para aburrirse... Afortunadamente para su memoria, ya nunca lo sabremos.)

Es cierto, sin duda, que este hombre amaba a sus hijos por encima de todas las cosas. ¿Amaría a alguien como amó a sus hijos? (No «tanto como» sino sólo «como» amó a sus hijos.) Más lejos aún: ¿Habrá amado a alguien más de una vez (en el sentido en que él utilizaba la palabra «amar»)? Es decir: ¿Habrá aceptado a alguien totalmente? Ese sí que es un enigma. Una incógnita para los biógrafos. Mi humilde opinión es que él amaba todo el tiempo, excepto... cuando quería a alguien. Porque cuando este hombre quería a alguien, el amor, la aceptación y la generosidad parecían desvanecerse y en su lugar afloraban sus peores demandas, sus expectativas más enfermizas, sus dependencias más esclavizadoras...

Porque se puede dudar si amó o no, pero no cabe ninguna duda de que nunca se sintió verdaderamente amado.

Detrás y a la sombra de este hombre «todopoderoso», fuerte, invulnerable, «pandórico» (valga el neologismo), a la sombra, digo, de este ser deseado y admirado, caminaba su otro ser, oculto como un macabro Mr. Hyde, no por cruel, sino por necesitado de afectos. Otro hombre lleno de carencias, débil, requiriente, pesado y desgraciado. Un desquerido, inseguro y mendicante... El hombre ocupó más de la mitad de su vida en encontrarse cara a cara con aquel Yo tan escondido. Y finalmente tuvo éxito; no por valiente, que no lo era, sino por testarudo... Cuando después de veinte años de búsqueda se descubrió a sí mismo (o creyó descubrirse a sí mismo), descubrió también (o creyó descubrir) que los demás, aquellos a los que amaba, seguían pidiéndole que fuera el que siempre había sido.

Y él, de alguna manera, claudicó.

Aceptó seguir jugando eternamente su papel de superhéroe, negando con su forzada euforia sus noches más oscuras.

Ni siquiera él mismo supo cómo se las ingenió para conseguirlo, pero nunca contó con nadie. Quiero decir contar. Contar como él pretendía, incondicionalmente. En su interior, él sabía que nadie cuenta con otro incondicionalmente, pero nunca pudo evitar esta búsqueda ridícula de un ser sobre cuya falda reclinar ingenuamente la cabeza y descansar, sin ninguna reserva, cerrando los ojos y bajando la guardia... sin dudas y sin temores.

Quizá hoy me esté atreviendo a decir lo que nunca antes le dije a la cara:

Duele creer esto de él, tan amigable, tan dispuesto. ¿Quién de vosotros, los que quedáis vivos, puede asegurar que fue su amigo? Muchos podrían, quizá, jactarse de que él ha sido su amigo pero, ¿quién puede asegurar la reciprocidad de esta relación? Sospecho sinceramente que nadie, porque dudo que él, con su mejor buena voluntad, fuera capaz de confiar en los que lo rodearon. No por las dificultades de los demás sino por sus propias incapacidades personales.

Y, sin embargo, puedo imaginar que alguna vez debe haber confiado.

Quizá alguna vez, allá lejos en el tiempo, confió...

Quizá confió y lo estafaron...

Pero, ¡qué absurda justificación!

¿Qué modifica este supuesto fraude? ¿Lo hace menos hipócrita? ¿Le quita, acaso, algo de la responsabilidad de no haber sido capaz de cosechar amigos? (Excepto uno, debo reconocer, que se salvó por emigrar.) ¿Deja acaso de lado su intervención en este, llamémoslo, «fracaso»?

Si él mismo estuviera escuchando, se negaría a aceptar la comprensión, la compasión o la lástima...

¡Tantas cosas quedan poco claras en esta vida tan intrincada!

Una de las más misteriosas solía ocupar algún espacio en las cabezas de quienes lo conocían y querían. ¿Qué pasaba en su vida matrimonial? ¿Qué unía a este hombre con esa mujer? ¿Qué sentía por ella? La muerte interrumpe la incuestionable respuesta del tiempo.

Lo cierto es que, hasta el día de su muerte, cuestionamientos aparte, dudas al margen, y peleas incluidas, él permaneció en convivencia con su esposa.

Sería muy simplista pensar que se quedó por sus hijos.

Sería negador creer que él era totalmente feliz en esta relación.

Sería infantil pensar que él era o se creía incapaz de seducir o ser seducido por otra mujer.

Sería imbécil asumir que él desconocía lo que pasaba, o lo que negaba...

En definitiva, ¿se quedaba por su amor a esta mujer o se quedaba anclado por sus miedos?

Cualquiera que se lo hubiera preguntado sabría que él la amó y mucho. Pero lo que nadie supo es hasta cuándo. ¿La amaba en el momento de su muerte? Yo supongo que sí. Sin embargo, ella estaba llena de cuentas pendientes respecto a él, o de la vida que él le había dado en su momento, o del rol de ella en esa relación. Ella estaba, con toda razón, llena de resentimientos y vacía de las cosas que él le reclamaba desmedidamente. Y digo con toda razón porque yo creo que la vida con él no debe haber sido fácil ni satisfactoria.

No obstante, hoy, frente a este cadáver, sólo me interesa hablar del hombre, y él creyó haber sido un excelente compañero (por lo menos antes de aburrirse y abandonar la lucha o, mejor dicho, dejar la lucha justamente en manos de ella). Él creyó haber soportado lo insoportable, haberlo tolerado todo y hecho todo lo que podía, para construir la pareja que había soñado.

Lo cierto es que no tuvieron suficiente tiempo.

El muy tonto siempre hizo responsable a su mujer de estos desencuentros. Y justa o injustamente murió pensando que ella no había estado a la altura de las circunstancias.

A lo largo de sus últimos años, también él fue reuniendo rencores y resentimientos que ensuciaron su vida... Y nunca encontró el agua de un calmo remanso donde lavar esa repulsiva suciedad de años.

Es significativo saber que mucho más intenso que su amor por ella fue la manera en que este hombre **quiso** a esa mujer. Porque (esto es innegable) ¡nunca quiso a nadie como la quiso a ella! ¡Nunca!

Y quizá éste fue el problema.

Sólo a ella le estaba concedido el dudoso privilegio de verlo tal como era.

Exclusivamente dentro de su pareja se atrevía a mostrar su lado más débil y dependiente.

Pero tampoco ella podía aceptarlo y contenerlo.

Y, si podía, no quería... Y si quería, él nunca lo supo.

¿Para qué siguió? Él sabía, enseñaba y repetía que el amor no es suficiente, ¿y entonces?

¡El miedo!

Es muy probable que ésta sea la clave de muchas actitudes y la respuesta del planteado enigma matrimonial: el temor. Porque así como era capaz de actuar profesionalmente sin restricciones, así como era de temerario en su actividad, así era de débil e inseguro en su interior.

Alguna vez pensó que su verdadero diagnóstico psiquiátrico pasaba más por las fobias que por ningún otro lado. Ya se había dado cuenta, desde antaño, que su histeria era definitivamente una postura, un mecanismo de defensa o, en el mejor de los casos, una expresión de deseo. Este hombre estaba lleno de miedos. Desde miedos estúpidos y banales, como un brinco cardíaco cuando sonaba el teléfono después de las doce de la noche, hasta terror o pánico ante la fantasía de que algo le pudiera pasar a alguno de sus hijos (sólo la tos, el dolor de cabeza de uno de ellos, bastaban para quitarle el sueño o, por lo menos, la paz). Y entre los dos extremos, superficiales y profundos, el miedo a la muerte... A su muerte. Un miedo que lo acompañó hasta su último día arruinándole gran parte de su existencia. En los últimos tiempos se conducía muchas veces como un hipocondríaco, pendiente de su respiración, de su ritmo cardíaco, de sus dolores musculares o de cualquier reacción en su piel o mucosas. Siempre le molestó pensarse hipocondríaco, quizá porque sabía que este episodio que lo mató quedaría disimulado tras sus permanentes temores a enfermedades. ¿Sería acaso su hipocondría un anticipo profético de su muerte? ¿Sería esta preocupación sobre la muerte parte de su estructura psicológica o parte de su actitud parapsicológica de anticipación? Hoy, desde un «después» irreversible, esta inquietud pasa a ser poco o nada importante. De hecho, viendo esta historia en retrospectiva, la muerte temprana también podría llegar a ser interpretada como el final natural y deseado de un gasto energético espantoso... Pero él no quería morirse.

O, por lo menos, quería vivir más que lo que quería morirse. Porque a pesar de todo lo dicho, este hombre disfrutaba viviendo, y quienes lo rodeaban, él así lo creía, disfrutaban de que existiera. Pero atención: aquel goce mutuo debió mantenerse siempre «a distancia».

Porque él tenía una odiosa costumbre o, mejor dicho, una adicción espantosa: esa ridícula vocación de sinceridad a la que el mundo circundante no estaba acostumbrado, ni pensaba acostumbrarse. Y esa absurda manía de franqueza le traía muchos problemas. El hombre decía: «Yo soy un buen terapeuta». Y el mundo le colgaba un cartel de fanfarrón.

Se la «jugaba» frente a situaciones de las que otros escapaban y la gente le llamaba omnipotente.

Se vanagloriaba de sus logros, justamente conseguidos, y su entorno lo castigaba por vanidoso.

Decía la verdad con un «no quiero verte» y su interlocutor le gritaba que era un agresivo.

Dejaba de ir donde no quería y era tildado de antisociable.

Se negaba a mentir y le señalaban por su crueldad.

Se negaba a ser «como todos», sólo para no desaparecer, y todos le acusaban de querer ser el centro.

Es necesario aceptarlo.

Él, que era médico, psiquiatra, psicoterapeuta, psicoanalizador, analista, docente en comunicación, guestáltico y más o menos agudo observador del afuera... Él, aunque suene extraño, ¡**nunca entendió a la gente!**

¿Qué queda del paso por la vida de este ser humano? ¿Valía la pena?

Quedan sus hijos y sólo por eso ya vale la pena.

Queda lo mucho o poco (yo creo que mucho) que este hombre dio, dejó, enseñó y ayudó a sus pacientes.

Queda la continuidad de su tarea, en otros profesionales de la salud y de la educación que aprendieron, o dijeron aprender de él.
Queda el soporte económico sólido que tanto le preocupaba en los últimos años.

Queda el pensamiento y la manera de escribir de este ser humano.

Queda el registro de su buen humor, de su sonrisa y de su originalidad.

Queda la certeza de que se puede y «se debe» luchar por la propia ideología.

¡Yace aquí alguien de quien se puede decir,
sin temor a equivocarse,
que hizo todo lo que pudo para ser feliz...
y lo consiguió!

Quizá, después de todo lo dicho, acaba de tomar sentido el epitafio que él mismo pidió que se escribiera sobre su tumba:

> Ser feliz es sentir la convicción de estar
> en el camino correcto

Un lugar en el bosque

En octubre de 1996 viajé a Nueva York para empezar mi año 47 con mi «hermano de vida» Ioshúa. Su hermano de vientre, David, me regaló este cuento jasídico que hoy elijo compartir contigo como regalo de despedida.

Esta historia nos habla de un famoso rabino jasídico: Baal Shem Tov.

Baal Shem Tov era muy conocido dentro de su comunidad porque todos decían que era un hombre tan piadoso, tan bondadoso, tan casto y tan puro que Dios escuchaba sus palabras cuando él hablaba.

Se había creado una tradición en aquel pueblo: todos los que tenían un deseo insatisfecho o necesitaban algo que no habían podido conseguir, iban a ver al rabino.

Baal Shem Tov se reunía con ellos una vez por año, en un día especial que él elegía. Y los llevaba a todos juntos a un lugar único que él conocía, en medio del bosque.

Y, una vez allí, cuenta la leyenda, Baal Shem Tov encendía con ramas y hojas un fuego de una manera muy particular y muy hermosa, y entonaba después una oración en voz muy baja, como si fuera para sí mismo.

Y dicen...
Que a Dios le gustaban tanto aquellas palabras que

Baal Shem Tov decía, se fascinaba tanto con el fuego encendido de aquella manera, amaba tanto aquella reunión de gente en aquel lugar del bosque... que no podía resistirse a la petición de Baal Shem Tov y concedía los deseos de todas las personas que allí estaban.

Cuando el rabino murió, la gente se dio cuenta de que nadie conocía las palabras que Baal Shem Tov decía cuando iban todos juntos a pedir algo.

Pero conocían el lugar del bosque y sabían cómo encender el fuego.

Una vez al año, siguiendo la tradición que Baal Shem Tov había instituido, todos los que tenían necesidades y deseos insatisfechos se reunían en aquel mismo lugar del bosque, prendían el fuego de la manera que habían aprendido del viejo rabino y, como no conocían sus palabras, cantaban cualquier canción o recitaban un salmo, o sólo se miraban y hablaban de cualquier cosa en aquel mismo lugar alrededor del fuego.

Y dicen...

Que a Dios le gustaba tanto el fuego encendido, le gustaba tanto aquel lugar en el bosque y aquella gente reunida... que aunque nadie decía las palabras adecuadas, igualmente concedía los deseos a todos los que allí estaban.

El tiempo ha pasado y, de generación en generación, la sabiduría se ha ido perdiendo...

Y aquí estamos nosotros.

Nosotros no sabemos cuál es el lugar en el bosque.

No sabemos cuáles son las palabras...

Ni siquiera sabemos cómo encender el fuego como lo hacía Baal Shem Tov...

Sin embargo, hay algo que sí sabemos.

Sabemos esta historia.

Sabemos este cuento...

Y dicen...

Que Dios adora tanto este cuento,
que le gusta tanto esta historia,
que basta que alguien la cuente
y que alguien la escuche
para que Él, complacido,
satisfaga cualquier necesidad
y conceda cualquier deseo
a todos los que están compartiendo este momento...

Así sea...

Los lectores interesados encontrarán información sobre los cursos y charlas de Jorge Bucay en:

www.bucay.com